発達障害・知的障害の子と生きる

うちの子、へん？

吉田可奈 著
ワタナベチヒロ 漫画

扶桑社

こんにちは！
吉田可奈です
フリーライターであり
2児のシングルマザー
です
現在、11歳のぽんちゃんと
12歳のみいちゃんを、てんやわんやに
なりながらも育ててきました
フフフッ
シングルマザー家を買う
簡単に説明しますと
23歳で結婚
26歳で長女出産
29歳で長男出産
同年に離婚
みなとみらいのタワマン住人に
なれるのかと思いきや
りこん届
自称フリーライター
バツイチ子持ちだが
家族を守るため
頭金なしで
家を買う！
不動産
実家と保育園の
サポートを受け
ライター業を
精力的に
こなす日々
バタバタしつつも生活が
軌道に乗ってきたころ
ぽんちゃん
ママだよ
マーマ

1才
…
2才
…
3才
あー
うちの子、ヘンかも!?
しゃべらない?!
障害なの!?
なんで
ぐる
うちの子が!?
私のせいなの!?
ぐる
ママーあそんで
どっか行きたい
わー
おなかへった
…
わー
…まあ
ひょい
なるようになるか
ママがんばって
ほっ
ほっ
とにかく走り続けるシングルマザー奮闘記のはじまりはじまり

まえがき

まずは、この本をお手に取ってくださりありがとうございます。シングルマザーである筆者と、発達障害（のちに知的障害と発覚）のぽんちゃん、そして、その姉であるみいちゃんの生活をつづった連載が本になり、大変うれしく思っています。

この本を手に取ってくれた方は、〝発達障害〟〝知的障害〟というワードに引っ掛かった方も多いと思います。ぽんちゃんは、1歳で保育園の0歳児クラスに入園したときに、ほかの子と違うことに気づきました。そこで疑われたのが、発達遅延といわれる〝発達障害〟でした。

その後、2歳になっても3歳になっても言葉が出てこないぽんちゃんについた障害名は、〝表出性言語障害〟というもの。意思疎通はできているのに、言葉が出てこないという障害です。しかし、小学校に入学するために受けたIQテストで、はっきりと、中度、または重度の〝知的障害〟であることを告げられたのです。それまで6年。毎日、知的障害ではありませんようにと願う反面、たぶんこの子は知的障害だろうと思っている自分もいました。だからこそ、判断を受けたときは、初めて絶望しました。あぁ、絶望ってこういうことなんだ。何も考えられない。何も希望が持てない。この子の未来はどうしたらいいんだろう。そして、知的障害にしてしまったのはママである私なのかもしれないと、自分を責めたこともありました。でも、落ち込んでいても、子どもたちが幸せになれるわけではありません。それなら、毎日を思いきり楽しんでやる。そして、この2人が楽しめる毎日を送ってやる。そうがむしゃらに前向きに考えるようになりました。

誰もが子育てをしていたら、ほかの子と比べて「うちの子、へんかも?」と思うことはあります。それが〝発達障害〟によるものなのか、〝性質〟によるものなのかは、素人では決して判断できません。だからこそ、病院や療育センター、保育園、支援学校などに思いきり助けを借りることが大事だと思っています。そう考えるようになった私たち家族のドタバタすぎる日常を描いたこの本が、みなさんのヒントや息抜きになればいいなと思っています。

巻末には、気持ちを言葉にしづらい子どもたちのための「きもちカード」と、忙しい朝や寝る前に便利な「準備カード」が付いています。「準備カード」を挟めるような台紙を作り、「次はトイレ」「次はお着がえ」など、子どもたちがわかりやすいように、表にして使うのもおすすめです。ぜひ活用してみてください。

まえがき ……………………………………………………………………4

第１章　「発達障害」のサインは１歳で現れた ………………9
・息子はご近所のアイドル
・「手がかからない子」だと思ってた
・コラム① そもそも発達障害とは？

第２章　成長が遅いのは私のせい？ …………………………19
・「ほかの子にすぐ追いつく」という思い
・「お母さんはみんな初心者」
・子育てに正解なんてない
・可愛い息子。でも歩けない、話せない……
・どんな結果でも、すべてを受け入れる
・思いがけない検査の結果
・コラム② 発達障害チェックリスト

第３章　息子の笑顔が人と人をつないでいく ………………33
・「いつか普通になるよ」と言われても……
・ぽんちゃんのペースがぽんちゃんの“普通”
・落ち込む暇がないがないくらい楽しんでやる！
・「この子はすごくいい笑顔をしているから、きっと大丈夫」
・コラム③ 知っておきたい各種手当

第４章　療育センターでの日々 ………………………………47
・３歳児健診で目の当たりにした、ほかの子との違い
・「療育センター」は“違う世界”と思っていた
・診察はまさかの半年待ち
・療育センターのママたちの表情は晴れやか
・息子の長所を“障害”と言う病院……
・療育は親も新たな道を迫られる
・ぽんちゃんの初めてのお友達
・「ほかの子と同じことが出来なくても保育園に通えるの？」
・コラム④ 療育センターなどのケア施設

第５章　息子に診断名が付いた日 ……65

・“発達障害”という言葉がリアルになった、ある出会い
・レイ君のママが辿り着いた結論
・「表出性言語障害」ってなんだ？
・コラム⑤ 悩んだ時の相談窓口

第６章　レイくんママと愛の手帳 ……79

・「よし、逆手にとろうか」
・「愛の手帳」を持つと出掛けたくなる
・子どもの笑顔を守るも潰すも親。
　なら、ずっと笑わせてやる！
・コラム⑥ 手帳と各種サービス

第７章　障害の子を持つ親が言われたくない言葉 ……93

・「仕方ない」「でも」を行ったり来たり
・売れっ子モデルになるはずだったのに……暴走する妄想
・一番近い人から放たれる言葉が痛い
・ぽんちゃんの幸せを決めるのは私たちではない
・コラム⑦ 発達障害の子との接し方①

第８章　息子がくれる、親としての喜び ……109

・子育てをしてイラっとする瞬間
・怖い顔をしても、泣いてお願いしても、伝わらない
・障害のある子どもに“ダメ”を伝える方法は？
・期待するから思い通りにいかない、ならば逆転の発想！
・当たり前のこと、誰もがスルーしていたことが喜びに変わった
・コラム⑧ 発達障害の子との接し方②

第9章　障害を受け入れることで広がった“あったかい世界” ……125
・心の支えになってくれた保育園の先生たち
・保育園からの呼び出し。想定外の理由って？
・親が最初にぶつかる「障害受容」という壁
・この保育園じゃなければどうなってただろう
・コラム⑨頑張りすぎのママへ

第10章　ぽんちゃん、小学生になる ……139
・特別支援学級と特別支援学校
・特別支援学校に通い始めたぽんちゃん
・コラム⑩発達障害の子の就学先

あとがき ……158

〈巻末付録の使い方〉

準備カード

予定を立てたりこなしたりするのが難しい子どものための、日常的な動作や習慣を可視化したカードです。これらをこなす順にボードへ貼るなどすると、子どもの「次にやるべきこと」がわかりやすくなります。

きもちカード

言語での気持ちの表現が難しい子どものための、感情を絵に表したカードです。子どもの気持ちを知りたいときや、逆にこちらの気持ちを伝えたいときに、コミュニケーションのツールとして使ってみてください。

第1章 「発達障害」のサインは1歳で現れた

「ぽんちゃんと成長曲線」

ぽんちゃんは育てやすい子だと思っていた
おとなしくていつもにこにこ
ひとり目のみいちゃんの時は大泣きしていたけれどふたり目って楽だな～
保育園
ーところが
今日もいい子にしてたわよ
ありがとうございました
…ところでぽんちゃん成長曲線乗ってる?
え…
…まあ小さいほうですね
……
…思い過ごしだとは思うけど…
小児科
たしかに小さいですね

…というか体重、身長、
言葉、成長曲線…
なにひとつ乗ってないっ!!
なんで今まで気づかなかったんだろう
もっと仕事をセーブしてちゃんと見ていたら…
私がもっとちゃんとしていたら…
お母さんはみんな初心者よ
ポン
自分を責めちゃ絶対ダメだよ
大丈夫大丈夫
さあこれからだね
あっそうか
これからか
ニパッ
これからできることをやろう
この子たちのために

第1章「発達障害」のサインは1歳で現れた

息子はご近所のアイドル

わが家には、控えめに言っても抜群にかわいい息子がいる。名前はぽんちゃん。常に笑顔で、誰かれかまわず手を振り、ファンサービスはトップアイドル並み。近所にぽんちゃんを知らない人はほとんどいないため、彼と手をつないでいると、知らない人に「あなたがぽんちゃんのママなのね」と言われることも。

私が仕事に行っている間、面倒をみてくれるジィジ（筆者の父）といるときにも同じように振るまっているのだろう。だからこそ、こうやって声をかけられるのだ。日々確実に、ぽんちゃんを愛でる輪が広がっている。

現在11歳のぽんちゃんは、とにかくわんぱく。力も強ければ、好奇心は底なしのため、ケガとはいつも隣り合わせだ。最近になって、やっていいこととダメなことの区別がやっとつくようになってきたが、ものを壊したり、目の前をよく見ずに駆け出したりするのは日常茶飯事だ。保育園のころのぽんちゃんの膝にはつねにかさぶたがついていた。

最近は落ち着いてきたが、悪いことをして叱ったとき、最初は申し訳なさそうにしていても、次第に〝てへっ〟と首をかしげ、〝許して〟と言わんばかりにぎゅっと抱きしめてくる。そんなことをされたら、もう許さないわけにはいかない。その様子を見ている2学年上の長女、みいちゃんには、「ママはぽんちゃんの笑顔に騙されすぎ!」と怒られるが、本当にそうなのだから、ぐうの音もでない。

とはいえ、少々ブラコン気質でもある娘は、ふと私が目を離すと、ぽんちゃんを膝の上にのせて、絵本を読んであげている。夜は、ぽんちゃんと肥満の猫、プー太郎に挟まれながら、「私は面倒を見るものが多くて大変!」と幸せそうだ。この子はきっと、この母性があだとなり、将来ダメ男に引っかかるだろう。まぁ、それは仕方ない。だって、私の娘なのだから。……と、少々話はそれたが、きっと息子を持つママなら同じことを思い、経験していることだろう。

ただ、ぽんちゃんはほかの子とは少しだけ違う。言葉を話すことができないのだ。

「手がかからない子」だと思っていた

息子がほかの子と違うと気づいたのは、1歳のころ。保育園に入園し、おばあちゃん先生に「ぽんちゃん、成長曲線に乗ってる?」と聞かれたことがきっかけだった。

たしかに、彼はほかの子よりも小さかった。でも第2子というのは、どうしても第1子の経験をもとに育てられるため、〝大丈夫だろう〟と思ってしまったのだ。

実際、〝個人差があるから、そのうち追いつくよ〟と、それまで何度も言われてきた。それに、私もそうだろうと思っていた。でも、よく考えると、ぽんちゃんはほぼ泣かず、誰が近づいてもにっこりと笑い、おとなしく、驚くほど手がかからなかった。「ふたり目ってすごいね～」などとのんきに構えていたが、思えばこの〝おとなしすぎる〟ことも、サインのひとつだったのかもしれない。そう思った瞬間、ひやりと冷たい感覚を覚えた。

娘を生んだ2007年ころから、〝発達障害〟という言葉がたくさん耳に入るようになっていた。その言葉が、うちの子に当てはまるなんて、思いたくなかったのだ。でも、おばあちゃん先生の言葉が引っかかった私は、保育園の帰り際に近所の小児科へと足を運んだ。きっと、思い過ごしだ。うちの子が、ほかの子と違うわけがない。こんなにかわいいのに。こんなに愛らしいのに。ただ、小さいだけなのだ。そう信じて、お医者さんに、〝この子は大丈夫〟と言ってもらうために。

column 1

そもそも発達障害とは?

近年、よく耳にするようになった「発達障害」という言葉。そもそもどういった症状を指すのでしょうか。ここでは発達障害に関する基礎知識と、主な3つのタイプについて解説します。

監修：医師・宮尾益知（どんぐり発達クリニック院長）

○ 発達障害の基礎知識

発達障害とは、見たことや聞いたことの理解・記憶、ものごとを最後までやりとげる、過去の経験に照らして計画を立てるといった、脳が果たす機能に偏りがあることを指します。このため、発達障害の子どもは人間関係でトラブルを起こしやすかったり、学習面の遅れが目立ったりするなど、日常生活がスムーズにいきにくい特徴があります。

こうした子たちの中には幼稚園児でありながら英語の論文が読めるなど、IQが非常に高い子もおり、彼らは「ギフテッド」（与えられた才能、資質を持つという意味）とも呼ばれています。上手に育て、よいところを引き出せば、世の中の大きな財産となる可能性を秘めているのです。

○ 発達障害は育て方やしつけのせいではない

自分の子に発達障害の特性があると気づいた親の多くは「自分たちの育て方やしつけのせいではないか」と思い詰めてしまいます。しかし、最新の研究では、ほとんどの場合、遺伝の組み合わせなどの先天的なものが原因だということがわかってきています。自分たちのせいではないかと悩むのではなく、これから子どものためにどのようなことをしてあげられるかを前向きに考えてあげるのが得策です。

○ 発達障害は治療できる?

発達障害の症状の多くは、完治までいかなくとも、改善することが可能です。ペースは遅いですが、成長と共に症状は少しずつ良くなります。また、療育などのサポートやトレーニングを受けることで、さらなる改善も期待できます。

○ 主な3つのタイプ

発達障害は大きく分けて3つのタイプに分類できます。また、複数のタイプを併発している場合もあります。それぞれの特徴と主な治療法を見ていきましょう。

〈ADHD（注意欠如・多動性障害）〉

不注意が目立つ「注意欠如」、衝動性・多動性が目立つ「多動性障害」という2つのタイプに大別できますが、いずれも落ち着きのなさが特徴です。学校の授業や勉強に集中できない半面、自分が興味や関心を持ったことには驚くほど没入できます。アインシュタインやエジソンにもADHDの特徴があったされています。

主な治療法は行動療法に基づいた日常生活の指導や薬物療法など。そのほか作業療法士による訓練、言語聴覚士によるコミュニケーション訓練や学習支援などがあります。

〈ASD（自閉症スペクトラム障害）〉

自閉症、広汎性発達障害、アスペルガー症候群などが含まれます。「コミュニケーション（対人関係）の障害」と「興味や行動への強いこだわり」という2つの特徴が共にある場合、ASDと診断されます。集団の中ではいわゆる「空気が読めない子」となってしまいがちな一方、興味のある分野をとことん追究し、大人顔負けの知識を蓄積している子も多くいます。

極端な偏食などで栄養が偏っていることも多く、治療はサプリメントの使用からはじめます。対人関係などは言語聴覚士が関わることで改善していきます。

〈SLD・LD（限定性学習障害）〉

LD（学習障害）とも呼ばれます。全般的な知的発達の遅れはないのですが、聞く、話す、読む、書く、計算または推論する、という学習に必要な能力のいずれかが低く、学習に支障が現れるため「勉強が苦手」な子に見えます。また、学習の遅れがLDの「読み書き障害」によるものなのか、ADHDなど他の障害によるものなのかを見分けることが困難なため、特定が難しいという特徴もあります。

ADHDなどと合併する場合は、それらの治療をまず行います。まず知的能力に比べ、特定の分野の学習能力のみ、習得と使用が著しく困難であることを証明します。疑われる各分野のスクリーニングと心理・言語学的検査を行い、学習障害を引き起こしている認知過程を探り出し、医師・作業療法士・言語聴覚士らが協力して治療に当たります。

第2章　成長が遅いのは私のせい？

「ぽんちゃんと雑巾」

ぽんちゃんは
時には
料理人のように
Ca sent bon
4個パックの
ヨーグルトをすべて開け
品評会をする
うーむ
もちろん
食べない
そして朝から
職人のように
たらー
ぬり
ぬり
木目に沿って
ヨーグルトを
丁寧に塗る
ぽんちゃんやめて
ぬり
ぬり

しょうゆの水芸
あっ
あ
ケチャップでの殺人現場の再現
水流の観察
ダァー
ぽんちゃん！
ダメー
ほっ
毎日雑巾がけをする日々
バタン
つかれた〜〜
そんなある日…
そげき!?
またぽんちゃんがなにかやったか！

物置き
なんじゃこりゃ～
そういえば消費税アップの前に
柔軟剤ならまとめ買いしてもムダにならないし節約になるよね～
って言って
ポチッ
段ボール2箱分無理やり物置きにつめこんだんだった
ぎゅう
ぎゅう
やばいっ
柔軟剤
重みに耐えかねて柔軟剤の袋が…
今回はぽんちゃんのせいじゃなかったね
パチ
パチ
パチ
フキ
フキ
ローズの香りは3週間以上続きましたとさ

第2章　成長が遅いのは私のせい？

ほかの子にすぐ追いつくという思い

母親の不安というのは、子どもにはっきりと伝わるもの。〝ぽんちゃんはほかの子と違うのかもしれない〟ということを病院の先生に初めて相談した日は、普段はご機嫌のぽんちゃんも、少しぐずぐずしていた。ダメだ、こんなんじゃ、ダメだ。そう思いながら待つ待合室の時間は、ものすごく長く感じた。

私も小さいころから通っていたその小児科の先生は、ぽんちゃんの身長と体重をはかるなり、「確かに小さいね。6カ月検診では、そんなに差はなかったんだけどね」とつぶやいた。その言葉を聞いた私は、第2子ということもあり、義務ではない8カ月健診、10カ月健診に行かなかったことをものすごく悔やんだ。

毎日ぽんちゃんと一緒にいるのに、どうしてほかの子に比べて自分の子が小さいことに気がつかなかったんだろう。どうして〝ぽんちゃんはすぐにほかの子に追いつく〟と思ってしまったんだろう。

私が、もっと、もっとこの子を見ていたら、こんなことにはならなかったんじゃないか。母子家庭とはいえ、もっと仕事をセーブして、0歳のぽんちゃんをちゃんと見ることが大事だったんじゃないか……。私には子育てをする資格なんてなかったんじゃないか――。

「お母さんはみんな初心者」

いろんな後悔が脳裏にあふれかえって、それまで気丈にふるまっていた自分の目から、ぽろりと涙が流れたことに気づいた。自分が悪いのに、泣いてしまう弱さも悔しかった。この子には私しかいないのに。私が、この子を育てていかなくちゃいけないのに!

黙って小児科の先生の前で泣く私を見て、私のことを幼稚園のころから知ってくれている看護師のおばあちゃんが、頭にポンと手を置いてくれた。その瞬間、思っていたことがポロポロと言葉になってあふれてきた。息子がまだ0歳なのに離婚したこと。働かなくちゃと思って仕事をたくさん入れていたこと。息子がほかの子より小さいことに気づかなかったこと。〝大丈夫〞と勝手に思い込んでいたこと……。

すると、看護師のおばあちゃんは「お母さんは、みんな初心者なの。だから、自分を責めちゃダメ。それより、これからのことを考えよう」と話してくれたのだ。

そうだ。これからが大事なんだ。

小児科の先生は、これから毎週1回外来で通い、様子を見て、漢方と栄養価の高いジュースをミルクと一緒に与えることを提案してくれた。食も細く、ミルクもあまり飲まないぽんちゃん。

栄養価がより高いものを違う方法で摂取することしか、いまはやれることがなかった。

でも、私にとってはすごくじれったかった。ほかの子と違うと気づいてから、ほぼ何もできることがないということは、ほんとうにしんどい。もっと、ほかにできることがあるのではないか。ぽんちゃんが、少しでも〝よくなるように〟。

子育てに正解なんてひとつもない

障害は、病気ではない。いまなら、この〝よくなるように〟という思いが間違っていたことがわかるが、ぽんちゃんが発達障害だとわかっていなかった当時は、どうしたら〝みんなと同じようになるのか〟だけを考えて過ごしていた気がする。

子育てには正解なんてひとつもない。もちろん、小さな子をすぐに大きくする方法だって、ない。だからこそ、1歳から2歳までの1年間は不安しかなかった。小さな体はまったくといっていいほど大きくならない。ハイハイしかできないぽんちゃんの保育園のクラスでは、日々誰かが歩けるようになり、早い子は言葉が出始めている。お迎えに行くたびに、どこかもやもやした感情が芽生えていたのもこのころだった。

かわいい息子。でも歩けない、話せない…

2012年の春。ぽんちゃんは2歳になった。相変わらず、二重《ふたえ》でぱっちりおめめの顔は、めちゃくちゃかわいい。多分、将来は「MEN'S NON-NO」のモデルくらいできると思う。あぁ、そうか。これが親バカか。そう思いながらも、いや、これは親バカのレベルではないぞ。本気でイケるぞ。そんなことを毎日思いながら、スマホのカメラロールは息子の写真で埋まっていた。

娘のみいちゃんは「もっと私の写真も撮ってよ!」と怒るが、娘もぽんちゃんのことを写真で撮りまくるから、ぽんちゃんの写真がたまる一方だ。わが家唯一の男性である息子は、本当にちやほや育てられた。とはいえ、ぽんちゃんはまだ歩けない。もちろん、言葉も話せない。

そんななかで週1回通っていた小児科の先生から、「紹介状を書くから、大きな病院で調べてもらいましょう」というアドバイスをいただき、次の週に電車で1時間かかる大きな国立の病院まで足を運んだ。

どんな結果でも、すべてを受け入る

その病院の待合室には、ベビーカーに似た小児用車いすに乗っている子や、ダウン症の子、片足が半分なくて補助靴を履いている子など、明らかに〝障害〟とわかる子たちがたくさんいた。私は息をのんだ。その瞬間、心の中で、何か〝決意〟が芽生えた。この子がどんな結果でも、私はすべてを受け入れようと。

どうして、その瞬間に腹が決まったのか、わからない。でも、これがもしかしたら〝母は強し〟なのかもしれない。

そして、ぽんちゃんの順番が呼ばれ、問診が始まった。その日、ぽんちゃんは神経内科、内分泌科、そして、停留睾丸もあったので外科、さらに目に少し違和感を感じていたこともあり、眼科も受けることにした。丸1日その病院で、何度も何度もぽんちゃんの現状を話した。

その後、停留睾丸の手術とともに、成長ホルモンがしっかりとでているかを調べるための入院も決まった。腹が決まった私の判断は早い。1泊2日で検査するその日に、すべての染色体検査ができると聞いた私は、すべての検査をしてくださいとお願いをしたのだ。

思いがけない検査の結果

1カ月後、息子の結果はすべて白だった。すべてが順調だというのだ。

え、なんで? 成長曲線にも乗らない。言葉も出ない。歩けない。ごはんもちゃんと食べられないのに……じゃぁ、この子はなんなの!?

原因がわからなければ、受け止めるにも受け止められない。病名や障害名がつかないと、どう動いていいかわからない。かといって、明らかに健常児とは違う。

そのころから、インターネットで毎日、ぽんちゃんの症状を検索していた。でも、同じような子どもがいたとしても、それは、その子の原因であって、ぽんちゃんではない。どんなに検索をかけても、インターネットに答えなんてないのだ。

それでも、ぽんちゃんは抱っこひもの中で笑っている。ぽんちゃんは確実に私の手の中にいる。

column 2

発達障害チェックリスト

ここでは各タイプ別の発達障害チェックリストを紹介します。発達障害の療育は早いほど効果的。多数当てはまる場合、まずは保育園の先生や、かかりつけの医師などに相談してみるとよいでしょう。

監修：医師・宮尾益知（どんぐり発達クリニック院長）

○ ADHDの子どもにみられる特性

乳幼児期にADHDの傾向が見られる場合、1歳半健診や3歳児健診で、二次健診の勧告や医療機関を紹介されることがあります。また、4～5歳になると、落ち着きがない、いつも動き回っている、順番を守れない、パニックを起こすなどの特性が現れ、保育園から相談されることも。こういった場合でも、問題を先延ばしにせず、きちんと診断を受けるようにしましょう。発達障害の有無の確認は早いに越したことはありません。

〈ADHDチェックリスト〉

- □ 長く座っていられない、手足をそわそわ動かす
- □ 約束事をよく忘れる
- □ 何かに駆り立てられたように過度に活動的になることが多い
- □ 工作などに取り組んでもすぐ飽きてしまう
- □ 外からの刺激に対して、無条件に反射的に反応する
- □ 刺激に反応して、衝動的に走ったり机に上ったりする
- □ 簡単なミスをすることが多い

○ ASDの子どもにみられる特性

ASDのうち知的な能力が正常範囲内で、言語発達の遅れもない場合を「アスペルガー症候群」、言語発達に遅れがある場合を「自閉症」と呼びます。特徴は以下の3つです。言葉の遅れや、逆に絶え間ないおしゃべりといった「コミュニケーションの障害」。相手の立場になって考えられない、変化を嫌う「想像力についての障害」。上記の障害が原因となり、他人と関係を作ることが困難となる「社会性の障害」。その他、感覚過敏（五感が人一倍敏感）などがあります。

〈ASDチェックリスト〉
□何かをするときはひとりでするほうが好き
□人の話をさえぎることがよくある
□好きなことには集中してほかのことが見えなくなる
□周りの人の気持ちがよくわかっていない
□特定のもの（動物、車など）についての情報を集めることが好き
□アニメや映画に感情移入して世界に入り込んでしまう
□いつも見ている部屋や人の服装などが違うとすぐ気づく
□電話番号や車のナンバーなど数字を覚えるのが得意

○SLD（LD）の子どもにみられる特性

SLD（LD）の子どもは文字の読み書きにつまずきやすいのが特徴です。4～5歳のころには、言葉で指示されたことが理解しにくい、話すときにつまる、本を読んでもらいたがらないなどの特性が現れます。LDと診断されても、建築家や写真家など視覚を利用する職業で活躍できる人はたくさんいます。できないことに目を向けるのではなく、得意な分野に目を向けて、脳の傾向に合わせて成長をサポートしてあげましょう。

〈SLD（LD）チェックリスト〉
□聞き間違い、聞き漏らしが多い
□言葉で指示されたことに対して理解が難しい
□個別に言われたことは聞き取れても、集団場面では聞き取れない
□話し合いの流れが理解できず、ついていけない
□言葉のつまりや、思いつくままに話すことが多い
□順序立ててわかりやすく話すことができない
□適切な速さで話すことが難しい
□本を読んでもらいたがらない、本を見ない

第3章　息子の笑顔が人と人をつないでいく

「ぽんちゃん投げる」

ぽんちゃんが最初に覚えた遊びは、
投げる
1歳児健診でも
積み木できるかな
そーなるよね～
お店でも、
やめて
↑ようじ
おむつも
剛速球！すごい肩！
大リーグ行けるんじゃない!?
怒ることも忘れて感心してしまうことも
ーしかし
↑ブラジャー

私の
ブラジャーが
下の階にひっかかった
ときには
ブラジャーが
ときに洗剤が
ポイッ
バシャッ
ママーあそこだけ
なんで濡れてるの〜？
ギク
そしてまた今日も
ポイッ
うわっまた
ぬぎたての
おむつ
ねえ みいちゃん
取りにいって〜
やだ

短い間でも
子どもふたりきりに
させるのは不安だし
おねがい
みいちゃん！
取ってきて
やだ！
100円
あげるからさ
キッ
お金の問題じゃ
ないのよ!!
6歳児とは思えぬ
セリフ!!
○Lか!?
それでも頼み込んで
行ってもらうと…
しくしく
泣いてる…
使用済
おむつ
ズシ
あ…ありがとうね
助かった
まあ
いいけどねっ
乙女心は
ふくざつなのです

第3章　息子の笑顔が人と人をつないでいく

「いつか普通になるよ」と言われても……

〝発達障害〟と一言で言っても、その症状は本当に様々で、みんなの性格が違うように、その子によってすべてが異なる。うちのぽんちゃんは2歳を迎えても歩こうとしなかった。そして、言葉も出ない。お姉ちゃんであるみいちゃんは、２歳のころにはもうペラペラと話していた。比べても仕方ない。わかってはいるけど、どうしても比べてしまう。

そのころ、周りから言われて一番嫌なのは、「お母さんがたくさん話しかけてあげればいいんじゃない?」という言葉だった。近所の人は悪気なく、息子を見てそう言ってくる。善意なのはわかっている。でも、人一倍話す私は毎日毎日ぽんちゃんに話しかけている。みいちゃんだって、ことあるごとにぽんちゃんに話しかけている。この子が言葉を発しないという事実は、そんな簡単なことではない。根本的に違うのだ。だからこそ、私はその言葉が本当に悔しくて、悲しくて、つらかった。でも、親切で言ってるのがわかるからこそ、ただ笑顔を返すことしかできなかった。そのたびに深く、深く傷ついた。

よく発達障害の子に対して、「見た目じゃわからないのにね」「そんなの普通だよ」と声をかけてくれる人がいるけれど、自分の子どもが〝普通じゃない〟ことに気づいているママの心に、この言葉はどんな刃よりも鋭く刺さる。なにより、「いつか普通になるよ」という言葉に、心の中で「普通ってなに!?」と何度も叫んだ。

〝普通〟ってなんなの?そんなことをもやもやと考えていても、ぽんちゃんは日々成長する。たしかに、ほかの子とは成長の仕方が違うかもしれないけど、毎日、ちゃんと大きくなる。言葉も話せず、歩けない分なのか、驚くほどコミュニケーション能力が高い。

カフェに入ればかわいいお姉さんを見つけ、手を振りながらニコッとキラースマイル。「かわいい〜」という言葉に応えるように首をコテンとかしげ、また「かわいい〜!」の声を浴びる。その様はアイドル顔負け。人見知りなんてまったくなく、通り過ぎる人たちの視線を集めてはニコッと笑い、褒められては満足そうにしている。

ぽんちゃんのペースが、ぽんちゃんの〝普通〟

　そんな表情を見ていると、先のことを毎日もやもや考えている自分がばからしくなる。この子は毎日楽しく過ごしている。それなのに、私がヘコんでいても、何もいいことはない。それなら、ぽんちゃんの歩幅に合わせて、私がゆっくり歩けばいいだけの話だと思うようになった。そう頭を切り替えた数日後、2歳と1カ月で、ぽんちゃんがいきなり歩き出した。何の前触れもなく、むくりと起き上がり、一歩、そしてまた一歩とふらふらしながら歩いたのだ。

とんだマイペース！　自由かよ！　思わず涙が流れてしまうママを横目に、「パチパチ」と手をたたき楽しそうにしている。そうだ、ぽんちゃんは、ぽんちゃんなりのペースで歩いている。それが、ぽんちゃんの〝普通〟なのだ。

落ち込む暇がないくらい楽しんでやる！

ぽんちゃんが〝みんなと違う〟とわかってから、ふと、落ち込むことが多くなった。この子は、友達と仲良くできるのだろうか。果たして友達はできるのだろうか。それ以前に、社会に必要とされるのだろうか。この子は、私がいなくなったらどうなるのだろうか。考えるほどに、不安は募る。

でも、私が落ち込んだら、ぽんちゃんが元気に暮らせるはずがない。わが家が楽しくなければ、さらに落ち込んでしまう。それなら、ぽんちゃんを含め、私と姉のみいちゃんが、毎日笑っていられるように過ごすことにしよう。将来のことを考えて暗くなるよりも、毎日楽しく暮らして笑顔を積み重ねたほうが、楽しい未来が待っている。

わからないことは、考えたってわからない。それなら、少しでも前を向くために、やれることは全部やってやろう。そして、ぽんちゃんとみいちゃんが、「今日も楽しかった!」と思える毎日を過ごそう。そう私は決めたのだ。一家の主は私。パパであり、ママである私には、すべての主導権がある。それなら、その権利を振りかざして、この子たちを毎日楽しませよう。

それからは、保育園の後、お友達を誘っていっしょに夕飯を食べたり、土日はできるだけ遠出したりするようにした。音楽フェスにもライブにも行ったし、お祭りと名の付くものには顔を出し、プールに海、旅行は北海道から海外まで、子どもが低料金のうちに見せたいものは全部見せてやろうと腹をくくったのだ。ある意味、〝考える暇を作らない〟。そんな思考に近かったのかもしれない。

でも、フェスに行けば初対面のキッズたちと一緒に踊り狂い、アイドルライブに行けば一緒にサイリウムを振る。浴衣を着てお祭りに行けばおみこしに乗せてもらい大はしゃぎ、グアム旅行に行けば浅黒いプロレス選手のようなバス運転手さんの膝に乗せてもらい運転させてもらった。

気づけば、ぽんちゃんに〝敵〟はいなくなっていた。ぽんちゃんは誰にでも笑顔を振りまき、相手からも笑顔をもらえる。そして知らないうちに手をつなぎ、写真に納まり、ピースをする。時におみやげをもらい、相手は笑顔で「またね」と手を振ってくれる。そこにぽんちゃんが持たない言葉は必要ない。

「この子はすごくいい笑顔をしているから、きっと大丈夫」

以前、こんなことがあった。地元のパスタ屋さんで私とみいちゃんとぽんちゃんがごはんを食べているとき、隣の席には50歳代くらいのご夫婦が座っていた。いつもの通り、ぽんちゃんはそのご夫婦に笑顔を振りまき、遊んでもらい始めるが、その奥さんはぽんちゃんが〝みんなと違う〟ことに気づいたようだ。

そこで少しぽんちゃんのことを話すと、「この子はすごくいい笑顔をしているから、きっと大丈夫」と言ってくれたのだ。もし、私が少しでも暗い気持ちだったり、トゲトゲした気持ちでいたりしたら、「無責任に大丈夫なんて言うな」と思ったかもしれない。でも、そのときは純粋にとてもありがたくて、嬉しくて、思わず涙目になってしまった。

そんな私を見た旦那さんが、やや戸惑ったのち、私に名刺を渡してくれた。その名刺を見ると、私たちが住む東京から少し離れた千葉の房総半島のご住所だった。どうやらその日は、知人の家に遊びに来ていたらしい。

「僕たちは房総半島に住んでいるんだけど、すごくいいところだから、3人で遊びにおいで」と声をかけてくれたのだ。まだ出会って10分もたっていないのに！　その夜、名刺のアドレスにお礼と一緒に、「いつか行く際にはよろしく願いします」とメールをさせていただいた。いまでも、その縁がつながり、年賀状のやり取りが続いている。

こんな幸せな連鎖は、普通に生きていても繰り返されるものではない。ぽんちゃんはいつも笑顔で私と、いろんな人たちをつないでくれる。その縁は、とてもあたたかくて、優しくて、とても大切なものだ。

ぽんちゃんは、言葉を持たなくても、私たち家族に幸せを運んでくれる。この子は、そんなハッピーな素質を持っているから大丈夫。そう思うと、ふと心が軽くなった気がした。

3
column

知っておきたい各種手当

障害児や障害者、その家族の暮らしにおける負担を減らすために、国や自治体は様々な福祉手当を支給しています。どれも申請により支給されるので、詳しい内容や申請方法を居住地の市区町村に確認してみましょう。

○ 国が支給する各種手当

国が支給する福祉手当には、「特別児童扶養手当」や「障害児福祉手当」（詳細は下記参照）のほか、20歳以上の者が対象の「特別障害者手当」などがあります。法律に基づくものなので、対象要件や支給月額などは全国で同じですが、受給者や保護者の前年の所得が一定の額以上である場合は支給されないので、申請の際はご注意を。

	特別児童扶養手当	障害児福祉手当
対象要件	20歳未満で精神または身体に障害を有する児童を家庭で監護、養育している父母等に支給される	精神または身体に重度の障害を有するため、日常生活において常時の介護を必要とする状態にある在宅の20歳未満の者に支給される
支給月額	1級 52,200円　2級 34,770円	14,790円
支払時期	原則として毎年4月、8月、12月に、それぞれの前月分までが支給される	原則として毎年2月、5月、8月、11月に、それぞれの前月分までが支給される

○ 各自治体が支給する福祉手当

「在宅心身障害者手当」「在宅重度障碍者手当」「心身障害者福祉手当」など、各自治体で行っている福祉手当もあります。国が行う福祉手当に金額を上乗せする制度を設けている自治体もあるので、それらも含め市区町村の窓口に問い合わせることをおすすめします。

○ そのほかの公的援助

障害児が特別支援学校や特別支援学級等で学ぶ際に、通学費、給食費、教科書費、学用品費、修学旅行費などの教育関連経費が補助される「特別支援教育就学奨励費」や、医療費の自己負担額が軽減される「自立支援医療制度」など、国や各自治体による補助はほかにも。受給対象となるものを見落とさないよう気をつけましょう。

第4章　療育センターでの日々

「シックスセンス」

誰とでもすぐ打ち解けるぽんちゃん
よく言ってもらえる言葉だ
ぽんちゃんは言葉はなくても何かあるような気がするね
確かに五感や機能の未発達な人はそのほかの部分が驚くべき発達をするという話を聞くけど
ぽんちゃんはどうかな…
あ
あ
な…何⁉
そこ何もないでしょ!!
怖いからやめて〜!
それからしばらくたって療育センターでのこと
こんにちは——

いつも使っている部屋が使えないから今日はこの部屋でやろうね
パチッ
ヒィィィィィ…
何!?
え…?
ギュッ
ど…どうしたのかな?
グググ…
ほら部屋に入ってリハビリしよ…
うわぁぁぁ
えーん
もしかしてこの部屋に入りたくないの?
え…?カーテンの向こうが気になるの?
大丈夫…何もな…
カラカラ
!!

中庭の真ん中にある
あれは何!?
まさか
あれは…
ああたぶん
井戸ですね…
井戸
シックス
センスやん!!
貞子やん!!
うあああああん
ち…違う部屋に
しましょうか…
ちがう部屋に入った途端
息子は平静を取り戻した
霊感は
いらないよ〜

第４章　療育センターでの日々

３歳児健診で目の当たりにした、ほかの子との違い

幼児には定期的に健診がある。１カ月、３カ月、１歳、そして、３歳児健診。１歳児までは、発達の遅い早いは個人差がとても大きく、ここで不安になっても、徐々に解消していくことが多い。３歳になると大多数の子どもはたくさん言葉を話し、トイレの訓練もほぼ完了し、お母さんとの意思疎通もできている。だからこそ、この３歳児健診では、明らかにぽんちゃんがほかの子と違うことを目の当たりにした。

健康診断のようなものが終わると、保健士さんとの問診が始まり、今までのことを洗いざらい質問された。このころには、行きつけの小児科や大きな病院で成長過程を沢山話しているので、滑らかに言葉がでる。人間、慣れると物語のようにその状況を話せるようになるものだ。最初は泣きながら話していたことも、このころには「うちの子、全然話せません！」くらいの勢いで

話せるようになっていた。

健診で用意されたのは、イラストを見せて条件に合ったものに指を差す「指差し」と、「積み木」。ほかの子は「猫はどれ？」「車は？」という質問にすいすい答えていく。たしかに、みいちゃんもすいすいと答えていた。「猫はどれ？」という質問に、大きな声で「プー太郎」とわが家の猫の名前を答えていたくらいだ。あの時ばかりは猫の名前をもっとおしゃれにしておけばよかったと思ったものだ。

当のぽんちゃんはと言うと、何を言われてもニコニコと笑顔を返すが、紙の上にある動物に指を向けようともしない。きっと、なにかを指差すという概念がまだないのだ。

さらに、「積み木を重ねて」と保健士さんが積み木を渡すと、それをどんどん投げては笑っている。息子は、物も積めなければ、指も差せない。ただ、物を投げる力だけはすごい。肩が半端なく強い。おしっこをしたあとのパンパンになったおむつを脱ぎだしたかと思えば、振りかぶって投げてくる。ゴリラか？　ゴリラなのか？　その速度は相当なもので、当たったら痛い。すごい剣幕で「おむつは投げるものじゃない！」と叱ると、一気に顔をくしゃくしゃにして泣きまねをし、ひざに駆け寄って抱き着いてくる。そんなことされたらもう許すしかない。だって！

かわいいんだもん！　当時5歳だったみいちゃんはこの繰り返しを見て「どうせかわいいから許すんでしょ？」と斜め上から見ていた。そうだ。かわいいは正義だ。

しかし、ここは公的な場。私は保健士さんに何度も謝りながらも「積み木は練習するものなのか？　それとも、だれもが自然とできるものなのか？」と考え込んでしまった。みいちゃんは教えずとも、なんでもできていた。トイレを覚えるのも早かったし、積み木を重ねるのもすぐにできた。そんな成長は当たり前だと思っていた。でも、ぽんちゃんにとって、それは決して当たり前ではないのだ。

「療育センター」は〝違う世界〟と思っていた

その後、保健士さんと、長い話が始まった。これからどうすればいいのか。この子を育てるために困ることはないか。保育園はどんな対応をしてくれるのか……。その後、まず、「療育センター」に行くことを勧められた。

私の住む街には、丘の上に、大きな療育センターがある。まさか、自分がそこのお世話になるとは思ってもいなかった。はっきり言って、最初にその療育センターの名前を聞いたときは、どこか戸惑いがあった。その療育センターの名前が書いてあるバスには障害のある子どもたちがいつも乗っていて、存在は知っていた。でも、まさか、自分の子どもがお世話になるとは思っていなかったのだ。

誤解を恐れずに言えば、〝違う世界の人たち〟だと思っていた。でも、今ならわかる。その存在と接したことがないからこそ、自分のなかに、壁を感じていたのだ。でも、ぽんちゃんのために、私が感じる壁や、正直に言ってしまえば〝拒否感〟は絶対に必要ない。私が戸惑ってはいけない。そして、私がぽんちゃんのために必要なことを、絶対に排除してはいけない。だって、私はぽんちゃんのたったひとりの親なのだから。

診察はまさかの半年待ち

3歳児健診のあとすぐに、療育センターに電話をかけた。すると、次の診察予約はなんと半年後しか空いていないという。それほどまでに療育に通う子どもが多いことに驚いたが、すぐに療育を受けられないことにも驚いた。発達障害は病気ではないが、病気になったときと同じで、〝すぐに行動に起こしたい〟〝すぐに診察してほしい〟と思うのが普通だろう。だからこそ、この半年はものすごく長く感じた。でも仕方がない。途方もなく長く感じられた半年後、ついに療育センターで初めての面談が始まった。

療育センターのママたちの表情は晴れやか

長い長い半年という待ち時間をやり過ごし、ついに訪れた療育センターでの面談の日。息子を連れて、初めて門をくぐった療育センターの見た目は、大きな病院と変わらなかった。ただ、雰囲気はとてもアットホームで、ひと目で障害があるとわかる車椅子の子から、元気に駆け回っている子まで、たくさんの子どもがいる。その子たちが流暢《りゅうちょう》にしゃべっているのを見ると、「あの子は話せるんだ」と思ってしまったり……。

子どもたちの様子は本当に様々だが、不思議と、保護者であるママたちの表情はとても晴れやかだった。きっと、ひとつ壁を越えているのだろう。もちろん、心のうちはわからない。でも、そこに暗い空気は流れていなかった。

息子の長所を〝障害〟と言う病院……

順番が来て名前を呼ばれ、息子と一緒に診察室に入ると、見てすぐに小児科の先生とわかるような、キャラクターのボールペンをポケットに挿した、優しそうな女性の先生が迎えてくれた。そこで、これまで病院で何度も何度も話してきたぽんちゃんの状態、近況を話すと、ゆっくりとメモを取りはじめた。常に笑顔でうなずきながら聞いてくれる姿は、あの病院の先生とは違う。以前、大きな病院で先生に良かれと思い、「人見知りしないんです！　誰にでも懐くんですよ」と話したとき、「それは障害のひとつです。判断ができていないんです」と言われ、すごく傷ついたことがあった。〝障害〟という言葉に慣れているママなんていない。なにより、ぽんちゃんはまだ病院で発達障害と正式に診断されたわけではなかった。

ぽんちゃんは〝まだ〟障害があると決まったわけじゃない……。そう信じたい気持ちが強かったからこそ、常にぽんちゃんの状態を笑顔で聞いてくれる先生はとてもありがたかった。きっと、これが相性というものなのだろう。

ちなみに、9歳になった今でも、この先生にはお世話になっている。息子は、この先生に会うと、すごく嬉しそうに駆け寄り、膝に乗ってパソコンで遊ぼうとする。

数ヶ月に一度会える、大好きなお姉さんとでも認識しているのだろう。先生もまた、ぽんちゃんと会うたびに、「大きくなったね」「〇〇ができるようになったね」「相変わらずかわいいねぇ」とメロメロである。ぽんちゃんの愛され力は無双だ。

療育は親も新たな道を迫られる

結果として、初めての面談の後、ぽんちゃんは、STと呼ばれる言語療法と、OTと呼ばれる作業療法を週に1度受けることとなった。保育園に通いながら、朝の1時間を費やすことになる。私がフリーランスの仕事だからこそできることだが、これを週1で平日に行うとなると、普通の会社員では難しい。療育のために、仕事をパートにするママも多いことだろう。療育をしたほうがいいという判断が下ったら、親も、新たな道を迫られる。これもまた、難しいところだ。

保育園にそのことを告げると、ぽんちゃんの発達遅延に気づいてくれた先生が、「やれることはなんだってやったほうがいいわよ！」と背中を押してくれた。そうだ、この子のために、なんだってやれることはやってあげたほうがいい。結果はやってみなくちゃわからない。その日から、週1回、多いときは2回、療育センターに行くことが決まった。

ぽんちゃんの初めてのお友達

ぽんちゃんが療育センターに通い始めると、同じ時間に会う親子のお友達ができ始めた。

この療育センターでは、作業療法・言語療法、ともにマンツーマンで行ってくれるため、療育が始まる前の数分しかほかの子たちと接する時間はないのだが、その男の子はいつも同じ時間に、同じベンチで待っていた。

その子は、小学生と見間違えるくらい大きいが、ぽんちゃんより一つ年上の4歳。お母さんの話を聞くと、彼は身体はとても大きいけれど、知能の遅れがあるから、すべてがアンバランス

なのだと教えてくれた。ぽんちゃんのように、3歳なのにまだ1歳ちょっとにしか見られない、言葉の出ない小さな子もいれば、4歳なのに7歳くらいに見えて、でも知能が2歳程度という子もいる。本当にバラバラで、まさにこれが〝個性〟なのだ。

でも、その子も驚くほど人懐っこく、ぽんちゃんと会うと「ぽんちゃんきたね〜！ぽんちゃん〜！」と話しかけてくれる。ぽんちゃんも嬉しそうに、楽しそうにじゃれあっている。この風景はとても微笑ましく、すごくすごく、あたたかかった。

「ほかの子と同じことができなくても保育園に通えるの？」

その子はすでに4歳なので、幼稚園の制服を着ている。水兵さんのような制服が、とても似合っていてかわいかった。その姿に「かわいいですね」とお母さんに言うと、「でしょ」とはにかんだ後、「そういえば、ぽんちゃんはどこの幼稚園に入るの？」と聞かれた。ぽんちゃんは0歳の時から保育園に通っている。そのことを話すと、彼女は「保育園って療育に通っている子も見てくれるの?」と聞いてきた。

私は一瞬、「え?」と驚いた。ハンデのある子が、普通に幼稚園や保育園に通えないということがあるとは思ってもいなかったのだ。「え、通えないってことがあるんですか?」と逆に聞くと、そのお母さんは、いろんな幼稚園に断られ、最終的に遠くにある現在通っている私立の幼稚園を見つけたという。そのために引っ越しもしたそうだ。

ぽんちゃんが通っていた保育園は、発達の遅れや障害がある子には加配(障害児担当の保育士)の先生をつけ、預かってくれるシステムになっていたので、それが普通だと思っていた。私が住んでいる場所の認可保育園はとても寛容で、同じ保育園には脳性麻痺で自分では動けない子や、ダウン症の子どももクラスメイトとして一緒に在籍していた。

でも、幼稚園やほかの保育園では、システムも違うのだろう。たしかに、医療行為が必要でなくても、ハンデがある子や、発達のスピードが違う子を受け入れることが難しいのは、わかる。パニックが起きたり、癇癪《かんしゃく》が大きすぎたりすれば、ほかの子に影響を与えてしまう。でも……とごちゃごちゃ考えている私の困り顔に気づいたのか、「でも、今の幼稚園はすごく過ごしやすいから、結果オーライなの」とそのお母さんはほほ笑んでくれた。

4
column

療育センターなどのケア施設

障害児に対しては、児童福祉法に基づくさまざまな福祉サービスがあり、よく耳にする「療育センター」もそのひとつ。障害の状態などにより利用できる内容は異なってくるので、事前に下調べをしておきましょう。

○ 療育センターとは？

療育センターとは、障害のある子どもに対し、それぞれに合った専門的な治療・教育を行う機関のこと。障害の疑いや診断が出たら真っ先に訪ねるケースが多いと思いますが、施設ごとに治療・教育の方向性やスタイルが異なるので、子どもに合う場所を選ぶことが大切です。

○ 受けられる主なサービス

〈診察〉

小児科、児童精神科、耳鼻咽喉科、リハビリテーション科などの外来診察を受けることができます。発達障害のある子どもは音や明るさ、皮膚への刺激に過敏なこともありますが、一般の病院と違ってそれらに対応できる態勢も整っているので安心です。診察後には、個別または集団での療育も行われます。

〈療育〉

個別療育では、発語やコミュニケーションの練習をする言語聴覚療法、作業を通して手指や腕などの動きを訓練する作業療法、起き上がる、座る、歩くなどの基本的な動作の発達を促す理学療法などが行われます。集団の場合は、集団ならではの刺激や喜びを通して発達を促すプログラムが用意され、親子遊びなども行われます。

〈相談〉

療育センターの相談窓口では、ソーシャルワーカーに個別でさまざまな相談をすることができます。子どもに必要な医療や訓練といった療育相談をはじめ、日常における子どもとの関わり方や障害の捉え方、経済的な問題、家族の問題など幅広い相談に応じてくれるので、障害児の保護者の心強い味方となっています。

○ 各施設の役割

障害児へのサービスは、施設に通って支援を受ける「通所系」、障害児が通う保育所や学校などを訪問して集団生活への適応を支援する「訪問系」、施設に入って支援を受ける「入所系」の3つに大きく分けられます。下記を参考に、利用できるものを市区町村の福祉相談窓口に相談しましょう。

通所系	**児童発達支援** 発達障害、知的障害、難聴、肢体不自由、重症心身障害などのある障害児が対象。日常生活における基本的な動作の指導や、自活に必要な知識や技能の付与、集団生活への適応訓練などの支援を受ける
	医療型児童発達支援 治療が必要と認められた知的障害児や肢体不自由児、重症心身障害児が対象で、児童発達支援に加えて治療が受けられる
	放課後デイサービス 身体または知的、精神に障害のある就学児童が対象。授業の終了後または休校日に、児童発達支援センターなどの施設で、生活能力向上のための訓練や社会との交流促進などを目的とした支援を受ける
訪問系	**保育所等訪問支援** 児童指導員や保育士・理学療法士などに、保育所・幼稚園・小学校などを訪問してもらい、集団生活に適応するための専門的な支援を受ける。平成30年より乳児院と児童養護施設も訪問の対象に
	居宅訪問型児童発達支援 重度の障害などにより外出が著しく困難で通所支援を受けられない児童を対象に、平成30年に新設されたサービス。居宅を訪問してもらい、障害に応じて必要な発達支援を受ける
入所系	**福祉型障害児入所施設** 身体または知的、精神に障害のある児童が対象。施設に入所し、食事や排せつ、入浴の介護や日常生活の指導、身体能力向上のための訓練、社会参加活動支援などを受ける
	医療型障害児入所施設 福祉型障害児入所施設の支援に加えて治療を受けられる。低年齢であり、親とともに入所させることにより療育効果が得られると認められる児童を対象に、親子入所が設けられている施設もある

第5章　息子に診断名が付いた日

「ぽんちゃんの力」

6歳目前でぽんちゃんに
病名が付いた
「表出性発達障害」
そしておそるおそる
聞いてみた
この子は言語障害だけでなく知的障害もあるということでしょうか…
まだわかりません
でも今の時点では知的な障害と判断されてしまいます
小学校も支援学級が好ましいと思います
そう…
ですか…
正直ショックだった
その帰り道
ハァ～
キョロ キョロ
電車にのるとかまってくれそうな人を探す
あ
ニカッ

ロックオン
ニコッ
ニジ
イ
あっまた
知らない人に
遊んでもらってる
チョコン
スタタタタタ
おばあちゃん
次の駅で降りなくちゃ
ゴソゴソ
そうだ！
あれ？取れないわっ
お母さん
取って！
え？
これでいいですか？
KEY
そうそう

はい
あげる
このキーホルダー
音が鳴るからとても
かわいいのよ
この子に
あげたかったの
あ…
ありがとうございます！
あっそうか
この子は
大丈夫なんだ
ぽんちゃんの笑顔があれば

みんなが助けてくれる
みんなが愛してくれる
何かしたいと思わせる
そういう力を持っているんだ
ぽんちゃんが笑顔で
いられる環境をつくるのが
私の役目
とはいえ…
キョロ
キョロ
別の日
ギャア
キャア
キャア
ツ
LOVE
ぽんちゃん
おそるべし
そっち系の人に
ロックオンするのは
やめて～
うう

第5章　息子に診断名が付いた日

〝発達障害〟という言葉がリアルになった、ある出会い

長女のみいちゃんを出産したころから、世間で〝発達障害〟という言葉をよく聞くようになった。でも、長女はその言葉に引っかかることなく、すくすくと育ち、少しおしゃまに、クールな女の子として問題なく成長した。正直、私は発達障害は自分とあまり関係のない言葉だと思っていた。

でもある出会いを機にその言葉がとてもリアルで近しいものとなった。それは、同じマンションに住んでいたみいちゃんのひとつ年上のお友達、レイくんという男の子の存在だ。

レイくんは、おめめが大きく、とっても愛らしい。少しシャイだけど、クールなみいちゃんとは気が合うらしく、よくふたりで遊んでいた。彼は、電車がとても大好きで、3歳ですでに

駅名をたくさん覚え、暗唱する。すでに文字も書け、難しい漢字もお手の物だ。

そして、天井で回る送風機を、よくじっと見つめている。この行動にピンと来る人もいるだろう。その子は、知的障害を伴わない、軽度の自閉症だったのだ。

レイくんのママがたどり着いた結論

レイくんのママによると、彼が最初に自閉症の疑いがあると言われたのは2歳のときだったという。そのときは、泣いて泣いて、死ぬことまで考えたと言って笑ったのだ。どうしてこのママは、ここで笑えるんだろう。まだ障害のある子どもを持っていなかった私は、どう答えていいかわからなかった。当たり前だ。「わかる」なんて絶対に言えない。でもそのママは、とてもバイタリティがあって、すべてをポジティブに考える素敵な人。彼女は、自閉症だと判断された後、あらゆる本を読み漁り、とある結論にたどり着いた。その答えが、「仕方ない」という言葉だ。

文字にしたら4文字、声に出したら5文字の「仕方ない」。ここに至るまで、彼女がどれだけ悩んだのか、私にはわからない。でも、彼女は「仕方ない。もう自閉症なんだもん!」と開き直り、それならとレイくんのためにできることは全部してやろうとスイッチを切り替えたのだ。

それからの彼女の行動力は、すさまじかった。地域に自閉症のサークルを作り、交流会をし、マクラーレンのベビーカーのタイヤがすり減ってなくなるくらい様々な場所に息子を連れて回っていたのだ。

電車が見たいと言えば路線をまわり、イベントがあれば連れていき、様々な経験をさせること、そして、その子が喜ぶことを探しに行っていたようだった。だからこそ、レイくんのママはとにかく忙しく、楽しそうだった。

このママ友がいたおかげで、私は〝発達障害〟という言葉を、そこまでマイナスには感じていなかった。とはいえ、自分に降りかかるとは思ってもいなかった。だからこそ、病院で診断名が付いたときは、心臓が飛び出るかのような思いを味わった。

「表出性《ひょうしゅつせい》言語障害」ってなんだ？

ぽんちゃんが5歳になったある日、いつものように療育センターの診察をしていると、ある紙を渡された。ぽんちゃんのこれまでの成長や、これからの課題が書かれている、いわゆる〝通知表〟のようなものだ。半期に1回、必ず渡してくれるのである。

名前の横にある病名のところは、これまでは空欄で何も書いていなかった。発達遅延というだけで、まだ病名、障害名は判断されていなかったのだ。でも、その時はその空欄に、しっかりと文字が書かれていた。「表出性言語障害」と。

そんな障害名は聞いたことがない。でも、その文字列を目にした瞬間、手が震えて、喉の奥がつまり、言葉が出なかった。その後、診察が終わるまで、この障害がなんなのか先生になんとなく聞けなくて、そのままにしていた。何事もそうだが、言葉にすると本当になってしまいそうで、一度飲みこむ癖がついてしまっていたのだ。その後、息子を保育園に預けてから、私はおそるおそる「表出性言語障害」という言葉を検索した。そこには、言葉は理解できても、自分で言葉を発することができない障害と書かれてあった。その分、ジェスチャーなどで物事を伝えようとするのだ。いわゆる、コミュニケーション障害のひとつだという。

あ、ぽんちゃんだ。「これ、捨てといて」「スプーン、持ってきて」という言葉はわかってその行動がとれても、自分から何も発することはできない。発することができる言葉は、「あ」と「じ」だけ。なぜか、この2文字だけははっきりと話すことができる。はっきり

表出性言語障害
正しく言葉を理解しているにもかかわらず
言葉を使う能力が水準を下回る障害です。
原因不明の
言葉の表出が遅れ
わかった?
コク
コク
ポンちゃんだ!!
表出技能の欠陥
受容技能の欠陥

言って喃語《なんご》(乳児が発する意味のない声)以下である。でも、この障害なのであれば納得ができる。こんな障害があるのだ。でも、その原因は解明されていないという。だから、改善する方法もわからない。

いつか、ぽんちゃんはしゃべれるようになる。いつか、ぽんちゃんと毎日の話ができる。ぽんちゃんは、自分ひとりで買い物ができる。ぽんちゃんは、ほかの子と同じ。ほかの子と、同じように生活ができる。……あれ、できないの？　今まで、障害名が付いていないばっかりに、どこか持っていた希望。ぽんちゃんは、話すことはわかっているから、ぽんちゃんもいつかは話すことができるという期待。でも、その希望が一切奪い取られた気がしたのだ。たったひとつ、障害名が付いただけで。

そのとき、藁《わら》にもすがる思いで電話をかけたのは、自閉症のレイくんのママだった。

5 column

悩んだ時の相談窓口

「うちの子は発達障害かもしれない」と不安になったら、ひとりで悩まず早めに相談を。相談窓口はいくつかあるので、子どもの状態や相談内容に応じて、まずは「一番相談しやすそう」と思うところに足を運んでみましょう。

○ 主な2つのルート

相談窓口には主に2つのルートがあり、ひとつは自治体の相談窓口。必要に応じて適切な相談窓口や専門医を紹介してくれるほか、アドバイスや発達判定を行う機関も。もうひとつは医療機関で、検査や診察、確定診断を行います。

〈児童相談所〉

子どもについてのさまざまな相談を受け付ける機関で、障害に関する相談だけでなく、しつけや性格などについての育成相談にも応じてくれます。なかには発達障害の専門電話相談を設置している自治体も。

〈発達障害者支援センター〉

各都道府県に設置されている、発達障害児(者)への支援を総合的に行う専門的機関。保険、医療、福祉、教育、労働などの関係機関と連携し、発達障害児(者)とその家族からのさまざまな相談に応じ、指導や助言を行っています。

〈保健所・保健センター〉

地域住民の健康の保持と促進を行う機関である保健所や、保健所の機能をより身近にした機関である保健センターでも、発達に関する相談を受け付けています。乳幼児はもちろん、学童期の子どもの相談も可能です。

〈教育相談所・教育センター〉

各自治体に設置されている、教育に関する相談窓口。学習に関すること、不登校、いじめ、心理的な問題などとともに、発達障害の相談にも応じてくれます。多くの機関で電話相談と来所相談の両方を行っています。

〈かかりつけの小児科〉

子どもの成長の過程をよく知っているかかりつけ医は、相談しやすく頼れる存在。不安なことがあれば定期健診などを待たずに相談し、適切な相談窓口や専門医を紹介してもらいましょう。

〈専門医〉

発達障害は小児神経科や児童神経科が専門。日本小児神経学会のホームページで小児神経専門医と発達障害診察医師の名簿を公開しているので、近くの施設を探せます。発達障害外来などが置かれている総合病院もあります。

○ 事前の準備

病院や相談所などでは、まず最初に保護者から子どもの発育歴や家庭での様子、園や学校での様子、不安に感じていることなどを聞きます。大事なことを伝え忘れないよう、事前にメモしていくのがおすすめです。

〈持って行きたいもの〉

健康保険証や母子健康手帳、健診などの検査結果のほか、専門医を受診する際はかかりつけ医に書いてもらった紹介状があるとスムーズ。子どもの普段の様子が記された園や学校との連絡ノート、育児ノートも役に立ちます。

○ 診断までには時間がかかる!

診断基準があるとはいえ、発達障害は特性の現れ方がそれぞれなので、すぐには確定診断が出ない場合も。数ヶ月通い、やっと診断がつくことも珍しくありません。「様子見」となったら、家庭で注意して様子を見る点や、再受診のタイミングを確認しておきましょう。

第6章　レイくんママと愛の手帳

「愛の手帳」

わが家では
「愛の手帳（療育手帳）」を持って
テーマパークに行く
愛の手帳
東京都療育手帳
普通だったら
100分待ちの列に
100分待ち
ぽんちゃんはじっと並べない
興味ある所に突進
まっ
まてっ
止めると
パニック
並んでいるお友達に
力強いハグ！
びっくり
ぎゅう
やめてーー
愛情表現が
過剰なのだ
ところが手帳があれば
では100分後に来てください〜
その間アトラクションには
乗れないがパーク内を
ブラブラできる（※）
本当にありがたい

※ 施設によってサービス内容は異なります。

その結果
出かけるときは
姉みぃちゃん
手帳持った?
となぜかみいちゃんが
チェック
んっ?
みいちゃん
あのさ~
手帳があるのが
当たり前だと思わないでよ
みいちゃんに彼氏ができて
デートするときは
100分待つのが普通
なんだからね
大丈夫
しれっ
そうなったら
ぽんちゃんも
一緒に行くから
え~~
デートに弟連れて
行く気!?
衝撃発言!!
弟連れて
きちゃった
テヘ
ズーン
まじ信じらんね
いやいや
絶対引かれるでしょ

私を安くみないで
弟を連れて行って引くような男なんて
こっちから願い下げよ
小学6年生の発言
え〜〜
どんだけ——
そっち優先〜〜!?
一緒にいくよね
あ——い
とはいえ
みいちゃんがいつまでもぽんちゃんと一緒にいてくれる
おでかけするよー
そう思ってくれることがうれしい
こういう時間は永遠に続くわけじゃない
だから今しかできないことをたくさんやろう
よしいこ——う
でも本当にデートに連れて行こうとしたら止めよう…

第6章　レイくんママと愛の手帳

「よし、逆手《さかて》にとろうか」

　ぽんちゃんの障害名が「表出性言語障害」と付いたその日、私は、すがる思いで自閉症のレイくんのママに電話をかけていた。ママが電話に出た途端、ぽんちゃんに障害名が付いたこと、どうしていいかわからないこと、とにかく悲しいことをつらつらと話した。駅で電話をかけたのに、ぽろぽろと泣いていた。もう、どうしていいかわからなかったのだ。

　すると、レイくんのママは、静かに「うん、うん」と聞いた後、一拍おいて、「よし、逆手にとろうか」

と言ってくれたのだ。あまりに意外な言葉に涙が止まった。逆手に取る。そうだ、このママは、なんでもポジティブに取る人だった。そして、こう続けてくれた。

「障害がわかったなら、対処もできるよ。今までは、障害名がわからなかったから、何をしていいかわからなかったでしょ? まず、敵を倒すには敵のことを知らなくちゃ。それでもわからないようなら、今の状況で得られるものをすべて得よう」

そして、彼女は「愛の手帳(療育手帳)〔88頁参照〕」の存在を教えてくれた。障害名がわかったら、まず、この手帳を手に入れるのが第一だと言ってくれた。

「愛の手帳」を持つと出かけたくなる

愛の手帳を取得すると、様々なサービスを受けられる。ただ、〝この手帳をもらうこと=自分の息子が障害だと認めること〟が、まず大きなハードルとなる。これを認めたくないがために、取得しないママも多い。たしかに、私も最初は抵抗があった。それを感じてか、彼女はメリットを教えてくれた。

「愛の手帳はね、取得すれば毎月手当がもらえるの。都道府県でぜんぜん額が違うけど、それでも助かる。指定のバスやタクシーは減額で乗れるし、東京なら都営の乗り物は全部無料だよ。本人はもちろん、付き添いの人もタダ！　すごくない!?　あと、基本の水道料金も減免されるの」

え、なにそれ。すごい！

「しかも、ほとんどの遊園地で結構な額が割引されるし、アトラクションの列も、120分待ちなら予約して120分後に行けばいいサービスがあったりするんだよ！　あとね、地味にうれしいのが、ごみ袋が1年分無料ってとこ。かゆいところに手が届くわぁ。おかげで、おでかけするにもだいぶ負担が減るし、外に出ようって思うよね」

たしかに彼女はいつもどこかに出かけている。その交通費や入場料などが安くなるならとても助かるし、連れて行こうと思える。

子どもの笑顔を守るも潰すも親。なら、ずっと笑わせてやる！

この人は強い。改めて、そう思った。ぽんちゃんに生まれながらの障害があるのなら、もう逆手にとって楽しむしかない。だって、この子は、私しか守る人がいないのだから。それに、ぽんちゃんは、毎日信じられないくらいかわいい。いたずらもするけれど、私が怒るとギュッと抱きしめてくる。もう、許すしかない。障害があるからどうこうというものではない。ぽんちゃんは、ぽんちゃんなのだ。

それなら、あらゆる有利な情報を得て、使って、幸せになるしかない。将来のことばかり考えて真っ暗になるよりも、毎日を楽しんでその積み重ねが未来になるほうが、絶対に幸せに決まっている。周りが悩んで落ち込んでても、ぽんちゃんは笑顔なんだから、私も笑顔になるしかない。それに、当の本人は、毎日、楽しそうに暮らしている。この笑顔を守るも潰すも、親の私なのだ。それなら、ずっと笑わせてやる！　そう誓うと、不思議と悲しい気持ちは薄れていた。前向き、前向き！

その1カ月後、ぽんちゃんは愛の手帳を取得した。それから5年経った今もクタクタになるくらい、手帳を活用している。ぽんちゃんがいると並ばなくていいという悪知恵を得たみいちゃんは、「ぽんちゃんと遊園地行く〜!」とよく叫んでいる。いちばんメリットを得たのはみいちゃんかもしれない(笑)。

ちなみに自閉症のレイくんは集中力が尋常ではなく、小学校は支援学級と普通学級の両方に籍を置きながら、なんと今、中学受験にチャレンジしているという。得意科目は算数で、公式などを覚える速度が異常に速いんだとか。相変わらず、電車は好きなようだ。私が引っ越してしまってからは、年に数回しか会えないけれど、現在6年生となったレイくんはイケメンかつ、ママの血なのか、好奇心旺盛に育ち、ぽんちゃんとも遊んでくれている。

この出会いも、すべてぽんちゃんが引き寄せてくれたのかなと思う。すべての出会いに大きな意味があるとは、本当のことのようだ。

column

6 手帳と各種サービス

障害者福祉制度によるさまざまな公的援助を受けるためには、一定のハンディキャップがあることを証明する「障害者手帳」の取得が必須。経済面での支援により活動の幅が広がるうえ、将来の教育や就労にも役立ちます。

○ 発達障害児・知的障害児が受け取れる手帳

障害者手帳は身体・知的・精神の障害ごとに3つに分かれており、知的障害児は「療育手帳」の取得が可能。発達障害児は、知的な障害のある場合は「療育手帳」を、知的な障害の目立たない場合は交付基準に該当することで「精神障害者保険福祉手帳」を取得できます。

〈療育手帳を取得するまでの流れ〉

療育手帳は都道府県や政令指定都市によって申請の手順が違うので、まずは市区町村の障害福祉の窓口に相談を。18歳未満の場合、知能テストや観察といった判定を児童相談所が行い、障害の程度や手帳交付の必要性を総合的に判断し、その結果により交付されます。18歳未満で発症し知能指数が70以下であることが交付基準の目安になります。

〈精神障害者保健福祉手帳を取得するまでの流れ〉

市区町村の担当窓口で「交付申請書」「所定の診断書用紙」を受け取り、病院で診断書を作成してもらい窓口に申請すれば、都道府県の手帳等検討委員会が判定をして交付が決定します。精神障害者保健福祉手帳の等級は3段階あり、利用できるサービスが異なるので、各地域の支援センターでアドバイスを受けるのがおすすめです。

図・障害手帳の種類

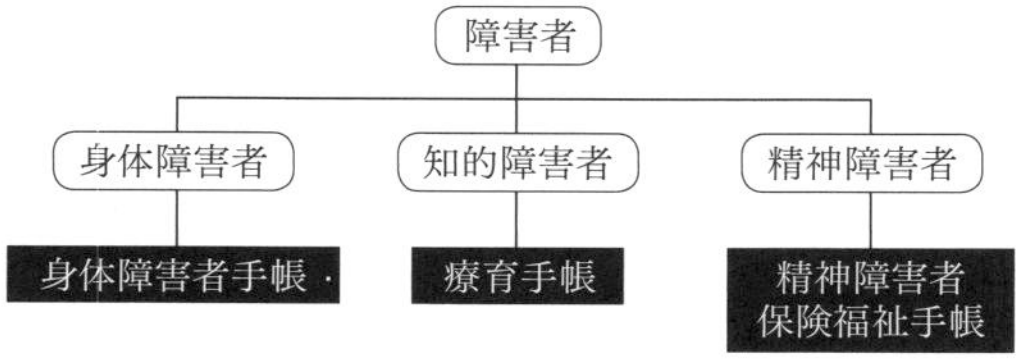

○ 障害者手帳で受けられるサービス

障害者手帳を取得していると、申請や呈示によって各種手当や医療費の助成、減税や減免、交通機関や施設での割引などが受けられます。手帳の種類や等級によっては該当しないサービスもあるので、申請や呈示の際に必ず条件等を確認してください。

各種の手当	障害の程度、年齢、受給者や扶養者の所得により、心身障害者福祉手当、特別障害手当、障害児福祉手当、特別児童扶養手当、心身障害者医療費助成が受給できる場合がある。自治体によって金額や手続きが異なることもあるので、事前に確認を
障害扶養共済への加入	保護者が毎月掛金を納めることで、保護者が亡くなった後や保護者が重度障害になったときに、障害のある子に生涯にわたって一定額の年金が支給される制度。掛金が割安で、税制の優遇も受けられる
医療費の助成	都道府県や市区町村が実施している「障害者医療費助成制度」を利用することができる。ただし、所得制限があり、健康保険に加入していることなどの条件もある
住宅面での優遇	公営住宅への入居が優遇されるほか、手すりの取り付けや段差の解消といった、重度障害者のために住環境を改善する際の住宅リフォーム費用の補助も受けられる
運賃・通行料の割引	JRの旅客運賃、バス運賃、タクシー運賃、航空運賃、船舶運賃、有料道路の通行料などが割引になる。(たとえばJRの乗車券の場合、障害の程度によって条件は異なるが5割程度で利用できる)
税金の控除・減免	所得税、住民税、相続税、贈与税などで控除があるほか、自動車税、自動車取得税の減免がある
NHK受信料の減免や携帯電話の割引	NHKの受信料の全額・半額免除や、各電話会社が行う割引サービスが受けられる。また、NTTドコモやソフトバンクモバイル、auなど大手キャリアが実施している携帯電話料金の障害者割引制度も受けられる

「オタ芸」

ぽんちゃんの霊感以外の能力を発見したいな〜
療育でも
ぽんちゃんの好きなことを伸ばしてあげましょう
と言われるが
この好きを見つけるのはかなり難しい
これは好き？
あ
好きって言ってくれないからな〜
ネコは好きだなきっと
反応で判断するしかないんだよな〜
そこで
遊園地
旅行
映画に
パンフ
連れて行っては反応を見ていたどこも楽しそうだが

お
しかしある場所だけ
確実に異常に楽しむ
ことがわかった!!
tiktak
おおおおおおお
ぴょん
ぴょん
それは
ライブ!!
荒れ狂うバンギャに
合わせて
ノリノリで頭を振り
ヘッドバンキング
アーティストが登場すると
パチパチ
パチパチ
大歓声に拍手を欠かさない
アイドルライブでは
飛んできた銀テープを…
振る!
どこで覚えた!?
そのオタク作法!!

顔も悦に入っている
バラードのサイリウムの振り方も完璧!
うりゃおいっ
そして
おいっ
うりゃ
おいっ
うりゃ
おいっ
コールに合わせて腰の入ったオタ芸!
うりゃ
おいっ
うりゃ おいっ
ぽんちゃんがうりゃおいっって叫んだ!?
ママには「あーい」としか言わないのに～
ママ泣いてるの?
その後ぽんちゃんはライブDVDを自分でピックアップして再生するようになった
ぴょん
ぴょん
これがぽんちゃんの才能か…
オタクの血でしょ
音楽ライター出身→

第7章 障害の子を持つ親が言われたくない言葉

「ジイジのメモ」

私がシングルマザー生活と
取材の多いフリーライター生活
をこなしていけるのは
次の取材まで15分しかない
タクシーひろおうっ
はたまた家を買えたのは
ジィジとバァバのおかげ
特にこの人
ジィジがいてくれたからこそ
糸電話できそうな距離にある
実家に頼りすぎないように
夜預かってもらうのは
控えめにと約束をしているが
ジィジはことあるごとに
孫をアトラクションに
連れて行ってくれたり
電車に乗りに連れて行って
くれたり
ガチャッ
仕事中の私の代わりに
掃除機をかけてくれたり
最後には
ふとんを
干してくれたり

MILK
冷蔵庫に
シュークリーム
入れてあるよ～
アイドル次郎より
ジィジ…
家事を手伝って
くれた上に
少ないおこづかいで
孫におやつを
買ってくれるなんて…
ん…待てよ…
ありがとう!!
前回
前前々回
前々回
みーちゃんの
ファンクラブ1号
より
ジャニーズに入るかも
しれない男より
みんなの
アイドル次郎
いつのまにか
アイドルに
昇格してる!
みてー
ジィジからの
メッセージ
ん
ひら～ん
ジィジ…
大丈夫
伝わってるよ～
リアクション
うすいけど…
あむあむ
ジィジのメモコレクションが
私の励みである
アイドル次郎

第7章　障害の子を持つ親が言われたくない言葉

「仕方ない」「でも」を行ったり来たり

ぽんちゃんにコミュニケーション障害のひとつである「表出性言語障害」という障害名が付いてから、「仕方ない」「でも……」という言葉が頭の中で行ったり来たりする日々が続いた。

ぽんちゃんはほかの子とは違う、ということは医学的にわかっている。それならただ、ぽんちゃんを愛して育てればいいのだ。そう頭の中ではわかっていても、毎日ちょっとずつ、道路の段差に足を引っかけるように、なんでもないようなことが心につっかかってしまう。

それは本当に少しのこと。たとえば、「おはよう」と声をかけても、ニコッとするだけで言葉が返ってこない。「ごはん食べる?」と聞いても、まったく違うところを見て、物を投げて遊び始める。ぽんちゃんに知的な遅れがあることはこの時まだ明確に診断されていなかったけれど、薄々気づいていた。

さらに、5歳も終わりに近づいているのに、おむつがとれる予感がしない。それどころか、脱いだおむつを剛速球で私に投げてくる。思わず、いい肩持ってるじゃねぇか、と心の中でつぶやいてしまった。おむつを脱いで投げられるなら、トイレでしてくれよ。

「……もう、これ以上のオプションはいりません！」そう大声で叫びたいけど、ぽんちゃんが次から次へといろんな〝オプション〟をつけてくれるもんだから、受け入れるしかない。

売れっ子モデルになるはずだったのに…暴走する妄想

ここまでくると、私の器の大きさが試されている。いかに自分の理想の子育てを押し付けないか、が重要になる。むちゃくちゃにかわいくて、老眼の近所のおばあちゃんに「松潤にそっくりよねぇ」と言われるぽんちゃんは、いつか私よりすらりと背が高くなり、原宿に行った際にスカウトされて、イケメンの宝庫である芸能事務所、スターダストあたりからデビューするんじゃないかって生まれた時は思っていたけど、そうはいかない。

みいちゃんに、「ぽんちゃんは売れっ子モデルになって私が子育て本を出すはずだったのに～！」

と泣きつくと、「それ、ぽんちゃんがしゃべることができてもむりでしょ」と真顔で返してくる。こういうときは、本当に冷静なみいちゃんが私の暴走を止めてくれるので、頼りにしている。

そんな思考の行ったり来たりを続けていると、どうしても情緒が不安定になってきてしまう。そこに追い打ちをかけてくるのが、決まって私の母親、ぽんちゃんのバァバだ。

一番近い人から放たれる言葉が痛い

彼女は典型的な「世間体を気にする人」で、人と違った枠を受け入れない。私が離婚したときも、「旦那は単身赴任」と触れ回っていたくらいだ。そして、情報量も少ないからこそ、「発達障害は親のせい」「発達障害は治る」という間違った情報を、正義のように振りかざしてくる。そのたびに訂正しても、母と娘、両方とも感情が先立ってしまい、いつもケンカになる。基本的に性格が合わないのだ。

対するジジは、ふたりの孫が生きがいで、生まれたときからべろんべろんにかわいがっている。私が離婚して出戻ってきた瞬間から煙草をやめ、ジムにも通いだした。「少しでも長生きして、オレが孫たちを支えるんだ」と宣言してくれたからこそ、私はいまもこうして働いていられる。最高のイクジィだ。

ぽんちゃんの障害がわかったときも、ひっそりと泣いていたのを知っている。それからジィジの口癖は、「少しずつ」になった。「ぽんちゃんは少しずつ、大きくなるもんなぁ」「ぽんちゃん、昨日よりオレの言うことがわかってる気がする！」と、目をキラキラさせながら報告してくれる。

そんなジィジの存在は、ぽんちゃんにとっても大きなものだったようだ。いままでひとことも　しゃべることができなかったぽんちゃんは、いつのまにか「ジィジ」だけ言えるようになっていた。愛ってすごい。

ぽんちゃんの幸せを決めるのは私たちではない

あるとき、またバァバが「この子はいつ普通になるのかねぇ」「このままじゃかわいそうだよ」と、一番言ってほしくない言葉を投げかけてきた。彼女なりに、ぽんちゃんのことを愛しているからこそ、この言葉が出てくることは理解できる。でも、〝かわいそう〟ではないし、〝普通〟とは何なのか。その物差しを決める権限は、彼女にない。私がつらい顔をしていると、ジィジは落ち着いた声でこう言ってくれた。

「ぽんちゃんは、オレたちとは違う世界で生きてるの。そこでの幸せは、オレたちの幸せと一緒とは限らない。だから、オレたちがぽんちゃんの幸せを決めるのはおこがましいことだよ」

その言葉に、思わず泣いてしまった。誰一人、他人の幸せを決める権限はない。その人が幸せなら、それが幸せ。自分の価値観を相手に押し付けることほど、傲慢なことはない。

それ以来、バァバは、〝普通〟や〝治る〟という言葉を使わなくなった。完全にとは言えないが、少しは理解してくれたのかもしれない。

7
column

発達障害の子との接し方①

発達障害の子とのコミュニケーションでは、その子独自の特性を見極めることが大切です。それぞれの子どもに合った育て方を周囲で確認・共有し、ストレスなく成長していける環境を整えてあげましょう。

監修：医師・宮尾益知（どんぐり発達クリニック院長）

○ まずは子どもの特性を理解する

障害の有無にかかわらず、子どもたちには物事の理解（認知）の仕方に特性があります。以下のようなことを見極めていくと、その子とどう接していけばいいのかがわかるようになります。

- 絵や写真などビジュアルのほうが理解できるか、言葉のほうが理解しやすいか
- 順序立てて考えるタイプか、全体をまず把握するタイプか
- 記憶力のよさはどの程度か
- 行動や動作が速いか、遅いか

たとえば「言葉よりも絵や写真などのほうが理解できる」ならば、何かを説明する際、積極的にビジュアルで解説します。やるべきことを順序立てて説明しても理解しにくい場合は、まず全体像を説明してから話しましょう。記憶することが苦手な子なら、こまめな説明や、貼り紙などでたびたび注意を引くと効果的です。行動が遅い子どもは、日常の動線に合わせて必要な物を配置してあげるとよいでしょう。

○ 説明の仕方を工夫する

まず、子どもがこちらに注目しているかどうかを確認します。教えるときは、できるだけ具体的に、必要に応じて図などを使うようにしましょう。また、発達障害の子どもは、人の気持ちを声のトーンで判断します。語尾のトーンが上がる話し方や、かん高い声では叱られていると感じてしまうことも。できるだけ平坦な話し方がよいでしょう。

○ してほしくないこともむやみに禁じない

友達を叩くなど、してほしくないことはむやみに禁じるのではなく、以下のような方法を試しましょう。まずは「それをしないことがどれだけ得か」を教えること。友達の顔を叩くなら「顔には、ほほ骨というとがった骨があるから、叩くと君の手が痛くなる。叩くなら肩を叩いてあいさつしよう」と促します。するとその子は、自分が痛い思いをしたくないので、友達の顔を叩くことをためらうようになります。ほかに、「やってもいい場所や時間を決める」ことも有効です。いたずら描きをするなら、描いてもいい壁を決めて紙を貼り、思う存分に描かせる、または時間を決めてその時だけ描かせるルールにすると効果的です。

○ 失敗経験を減らしてあげる

子どもの失敗経験をあらかじめ減らす工夫も大切です。たとえば入ってはいけない部屋がある場合に、「この部屋に入ってはいけないよ」と言うだけだと、その子はどうしたらいいかわからずパニックになってしまいます。「この部屋には入れないから、隣の部屋に行こうね」と促してあげましょう。良い行動ができた時には十分にほめ、抱きしめるなどしてごほうびを与えることも大切です。

○ 環境やライフスタイルを整える

1日の行動に合わせた動線を作ってあげるといった、環境やライフスタイルを整えることも大切です。たとえば帰宅後に手を洗った後、手を拭くタオルをそばに掛けておく。そのそばにテーブルを置き、食べた後は子どもがお皿を下げるためのトレイを用意しておく。その先にパジャマの置き場所を作り、それを持ってお風呂に行く。といったように、子どもが戸惑わないよう、家具の配置や道具の置き場所を工夫し、固定することも大切です。物が置いてある場所に理由をつくることも有効です。たとえば服のしまい方を子どもにわかりやすくするためには、上から帽子、シャツ、ズボン、靴下と、体のパーツの順番に合わせて入れておくとよいでしょう。このように家庭でも行動する場所・時間・順番などを決め、ルーチンな生活を送ることで、社会生活になじみやすくなります。

「サンフランシスコ」

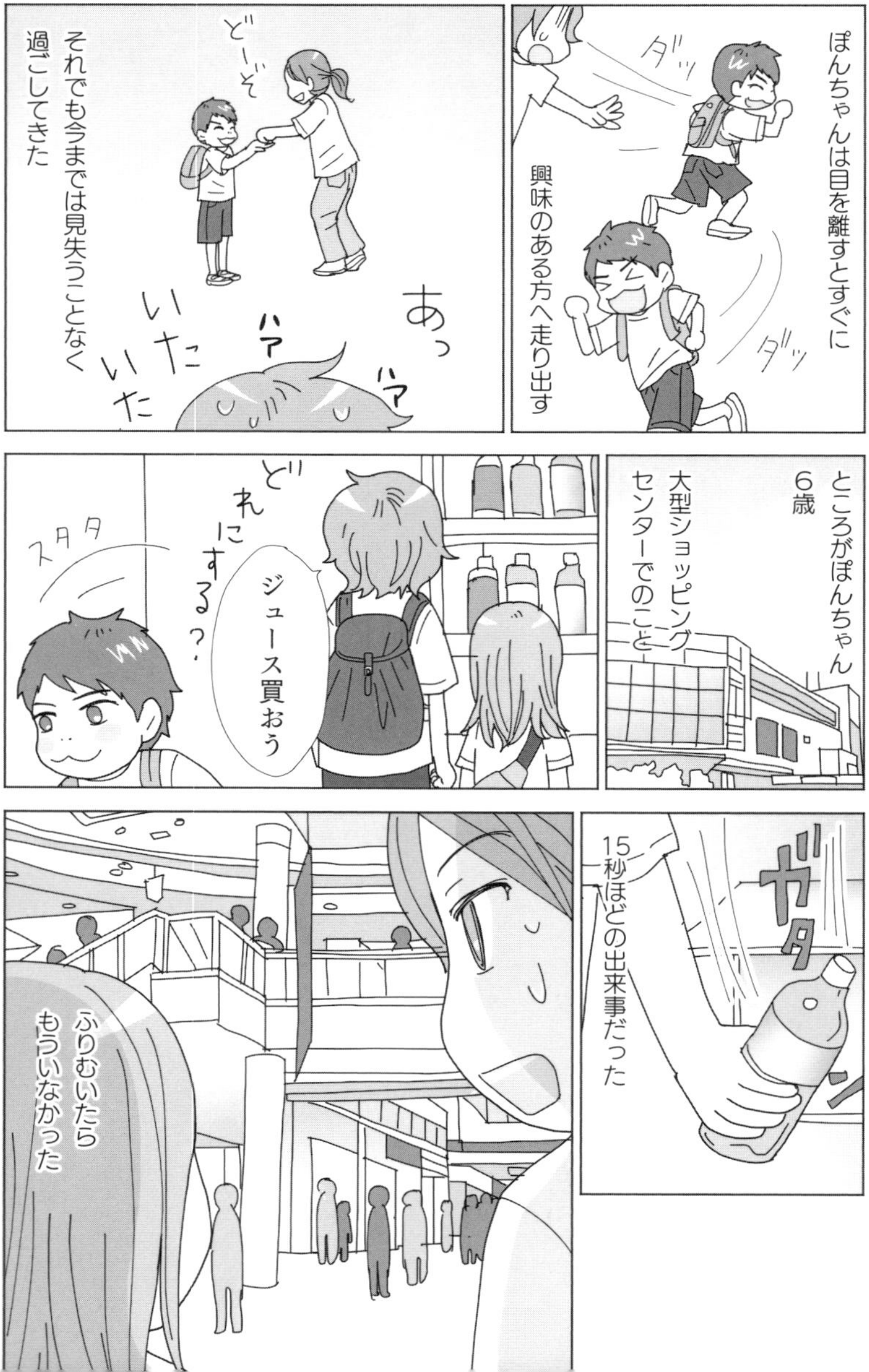
ぽんちゃんは目を離すとすぐに
興味のある方へ走り出す
ダッ
ダッ
あっ
ハア ハア
いた いた
どーぞ
それでも今までは見失うことなく
過ごしてきた
ところがぽんちゃん
6歳
大型ショッピング
センターでのこと
ジュース買おう
どれにする?
スタタ
ガタン
15秒ほどの出来事だった
ふりむいたら
もういなかった

え？ぽんちゃん？
そこら辺にも全然いない
ぽんちゃんは言葉を話せない
なので迷子になっても助けを求めることができないし
危機感がないから他の人も迷子だと気づきにくい
ぽんちゃーん
ぽんちゃーん
ぽんちゃん～
悪い人に連れていかれたらどうしよう
ぽんちゃんならついて行きかねない～
悪い考えが回りはじめたころ
ピンポンパンポーン
迷子のお知らせをいたします
「サンフランシスコ」とかかれた白いTシャツをお召しになった男の子がお連れ様をお待ちです
ぽんちゃんだ！
サンフランシスコ

すみません
「サンフランシスコ」の
Tシャツの母ですが
サービスセンター
「サンフランシスコ」の
男の子のお連れ様ですね
いま 警察のほうで
保護されています
警察!?
どうやらぽんちゃんは
電車を見たくて駅に
戻っていて
そこで保護され
おねがいします
そこからさらに
警察に引き渡され迷子の連絡が
ショッピングセンターのほうに
来たらしい
そこら辺のお店に聞いてみましょう
すみません〜
「サンフランシスコ」の
母ですが…
これも持って行きな
そこで見たのはやけに
楽しそうなぽんちゃんの
姿であった

駅員さんに鉄道グッズを
もらい
警察でもピーポー
グッズをもらい
ご満悦である
つかれた…
それから
「サンフランシスコ」と連呼
しなくても済むように
リュックに名前をつけた
ヘルプマークもつけ
ばっちりである
PON
おかげで近所の人には
名前を覚えてもらった
すっかり有名人である
PON
ぽんちゃん
おはよー
ぽんちゃん
いってらっしゃいー
これでいま
迷子になっても
「俺の時代」の母です
とか連呼しなくて済むわ
うん
うん
ジイジに
もらった
Tシャツ
令和
俺の時代
PON

第8章　息子がくれる、親としての喜び

「ジェスチャー」

ぽんちゃんは
おしゃべりができない
でも伝えたいことは
いっぱいある
あ
あ
牛乳が飲みたいのね
トプ
トプ
おいしかったか
暑い日は
え
あ
パッ
あ

扇風機つけて欲しいのね
でももうボタンを押せるんだから自分でつけてみたら
アッ
ポン
おーっ
ポチッ
どやっ
ほめてくれのカオ
すごい
すごい
ぽんちゃんは伝えたいことを全力で伝えるのである
チュン
チュン
くか
ガバッ
何が起きた!?

あ
あ
ズシッ
ぽんちゃんは
おしゃべりができない
オムツ
おむつ換えて
欲しくて、脱いだ
おむつで叩き
おこしたんかいっ
ぷふっ
みんなでスーパー銭湯に
行ったときには…
女
湯
ホカ
ホカ
アハハハ
ママは
ぽんちゃんに
甘すぎー
そこまで
できるなら
トイレ行って～
オムツ
自販機
スポドリ
ジュース
お茶
お茶
ジーッ

くいくい
え？　私？
ちょうだい
うるうる
かあいいっっっ
ラブっ
ギャー
ちょっとまったー
うるうる

すみませんっ
ぽんちゃん
おねだりは
ママだけにして!
ハハハ
財布
もうちょっと
おねだりされたら
買っちゃうところ
だったわ
あーい
油断もスキも
なかったりする…
療育に行くように
なった最近では…
おはよー
ぽんちゃん
ワオ
さあヒモ通し
やってみようか
ドカッ
やれやれ
ヒモ通しかという
ふんいき
クッ
クッ
クッ
シャキーーンッ
どやっ

よくできたね
ん？
見てない
え⁉
くいっ
どや
やっ
よ…よくできたね
ぽんちゃんっ
ぽんちゃん
アゴくいってするの
やめて～
ママはキュンってするけど!!
自分の意思を確実に
伝えている

第8章　息子がくれる、親としての喜び

子育をしててイラッとする瞬間

よく、「子育てをしてイライラしないの?」と聞かれることがある。

そりゃぁもう、イライラしないワケがない。長女のみいちゃんはとても要領がいいが、だれよりもオシャマなため、動画を見てはぶりっ子の物まねをして、「ママにはこれがないからモテないんだ」と言ってくる。

わが家にあるファッション雑誌を引っ張ってきて、私が絶対に着ないであろうふわふわ量産型の女子服を指さし、「こういう服を着たほうがいい」といらぬアドバイスをしてくることも。みいちゃんは小学生にして歩くCanCamなのだ。

さらに頭の回転が速く、弁が立つため、言い訳は的確だし、私が一番気にしている体型のこ

ともズバッと言ってくる。もう、生意気どころの騒ぎではない。でも、これはすべて〝話せる〟からこそできることなのだ。余計なひと言があるからこそ、イラっとしてしまうのかもしれない。その点、ぽんちゃんは言葉にできないからこそ、言葉に対してイラっとすることはない。

とはいえ、出がけにヨーグルトをダイニングテーブルにキレイに塗りたくられたり、おむつをいいフォームで投げつけたり、お風呂に着衣のままドボンと入ってどや顔をしたり、さらには蓋の空いたケチャップを振りまわし、恐怖の殺人事件現場のようなシチュエーションを作り出したりするときもある。

ちなみに、おなかが空いたときに見様見真似で生の玉ねぎとナスを冷蔵庫から引っ張り出し、お皿にいれてドレッシングをかけたときはもはや「天才かも」と思った。

怖い顔をしても、泣いてお願いしても、伝わらない

言葉が正確に通じないからこそ、注意しても、簡単には治らない。娘のみいちゃんとは違い、完全な意思の疎通ができないからこそ、何度も「ダメだ」と言うしかないのだ。

それは、お友達とのコミュニケーションでもそうだ。ぽんちゃんは、愛情が少し過多で重めなため、大好きなお友達がいると、嬉しくて抱きついてしまう。小学生になった今は、だいぶ自制がついてきたが、保育園のころは本当にそれが多く、ぽんちゃんより小さな子をたびたび驚かせていた。

何度も謝り、ぽんちゃんが飛びつきそうになったら、必死に止めにいった。ぐっと腕をつかんで、身体をつかんで、「お友達に飛びついちゃだめだからね」と何度も、何度も話した。どんなに私が怖い顔をしても、泣いてお願いしても、本当に伝わらないのだ。

このころから、ぽんちゃんにはコミュニケーション障害だけでなく、知的障害もあるんだろうなということに、なんとなく気づいていた。だからこそ、こればかりは私もどうしていいかわからなかった。

障害のある子どもに〝ダメ〟を伝える方法は？

このまま放っておいたら、同じ大きさの子どもに怪我をさせてしまうかもしれない。まず、いきなり距離を詰められて、怖くない子はいない。どうしてわかってくれないんだろうと強く叱ったこともあった。でも、ただ仲良く遊びたいだけと思っている、障害のある小さなぽんちゃんには、どうしても伝わらないのだ。

でも、このままでいいわけは絶対にない。保育園の先生や、小学校に上がったばかりのころの、健常児といっしょに通う学童では、何度も何度も〝ダメ〟ということを教え続けてくれた。私も、なんとなくぽんちゃんが走り出しそうなときは、ぎゅっと腕をつかむクセがついた。

手にギュッと力をこめると、ぽんちゃんはダメだというサインだとわかるのか、走るのをやめる。ここにくるまで、5年くらいかかっていたのかもしれない。でも、いまこうやって覚えさせないと、大きくなったぽんちゃんがたくさんの人を困惑させてしまう。だからこそ、いま、頑張らなくちゃいけない。

期待するから思い通りにいかない、ならば発想の転換！

どんな子どもにだって、育てやすさ、育てにくさはある。特に障害があれば自分が思うようには絶対にいかない。それに、どう教えていいかなんてまったくわからない。だからこそ、ぽんちゃんと向かい合って、一つひとつ、解決していくしかないのだ。

となるともう腹をくくるしかない。ダメなものはダメと教えるのはもちろん、教えたことが少しずつわかってくると、本当にうれしくて、かわいくて、たまらなくいとおしくなる。ぽんちゃんはほかの子と成長のスピードは違うけど、少しずつ、少しずつは間違いなく成長しているのだ。

でも、ママである私、みいちゃん、そしてジィジとバァバのなかで「ぽんちゃんは基本的にいろんなことができない」ということが、いい意味でベースとなっているからこそ、毎日「え！ぽんちゃんそんなことができるの!?」の発見が多い。

これは、パートナー論で使われる〝期待しない〟ということと一緒なのかもしれない。

当たり前のこと、誰もがスルーしていたことが、喜びに変わった

自分で体を洗えたとき、自分でお皿を下げられたとき、〇〇持ってきてと言ったらちゃんと正解したとき、自分で歯磨きをして寝ようとしたとき、靴下をはいたとき、靴を左右間違えないで履いたとき。

障害のない子なら、すべて当たり前にやれることが、できないぽんちゃんだからこそ、毎日イライラすることよりも「すごいね！　できるの!?　天才だね！」という驚きと喜びが多いのだ。

みいちゃんも、「いっしょにままごとをしたら、焼きそばを食べる真似がうまくできたんだよ！」とか、ジィジは「昨日乗ったバスと同じ柄のバスを見つけて教えてくれた！」とか、当たり前のこと、誰もがスルーしていたことを嬉しそうに報告してくれる。それは、保育園の先生も、学童の先生も、そして小学校の先生も同じ。本当にありがたいし、あたたかい。

もちろん、ダメなことはしっかり教える。それを子育てのモットーにしてから、ぽんちゃんのことがさらにかわいくなった。ただ、ぽんちゃんのことを見る私の目がメロメロらしく、みい

ちゃんに対しての叱りと、差があるらしい。そこに気づいたみいちゃんは、いつもこう言うのだ。

「ママ！ぽんちゃんがかわいいからって、すぐ許さないの！」

どうやらみーちゃんも、ぽんちゃんがかわいいということは認めているらしい。

少しずつ、少しずつ。

ちなみに最近、ぽんちゃんができるようになったのが、みかんの皮を上手にむいて食べること。

いつかリンゴの皮も上手にむけるようになるといいね。

column 8

発達障害の子との接し方②

ここでは発達障害の子たちが起こしやすい、いくつかの行動・症状について、個別の対応策を紹介します。すぐには治らなくても、時間をかけて優しく丁寧に対応してあげることで、トラブルも少なくなっていきます。

監修：医師・宮尾益知（どんぐり発達クリニック院長）

○ 落ち着きがない、待つのが苦手

落ち着きがない子は騒音など刺激が多い環境からなるべく遠ざけましょう。落ち着かせるためには高ぶった神経が鎮まるよう、ぎゅっと抱きしめてあげると有効です。手や足をやさしくもむなどを繰り返すと、過敏な状態がおさまることもあります。

待つのが苦手な子には「こうすればもっとよいことがある」という動機を与えてあげます。行動の後にご褒美や賞賛があるとその行動は増え、うれしくないことがあれば行動は減っていきます。

○ 指示・言葉を理解しにくい

子どもへの指示は「○時に○○（具体的な場所）へ出発しよう」など、シンプルかつ具体的なほうが理解しやすくなります。「これ」「あそこ」などの代名詞は避け、物の名前や場所、回数を具体的に示しましょう。また、ADHDの子どもには行動前に声をかけるのが効果的。ASDの子どもには行動中に声をかけると効果的です。

言葉を理解しにくい子はトイレ・エプロンなどのよく使う物や、「うれしい」「かなしい」など喜怒哀楽の表情の絵を描いたカードを用意しておくと、やりとりがしやすくなります。

○ 他人の表情や状況を読み取れない

積極的に友達と交流させて、人づき合いのスキルを学んでもらいましょう。最初の内は、遊んでいるグループに連れて行って「『入れて』って言おうね」と促すなど、親がサポートしてあげます。また、関わりの中で周囲の人間が「○○されるとうれしい」など、自分の気持ちを声に出して説明してあげることも大切です。

○ 触られることを嫌う

触覚刺激が鋭いために、触られるとカッとなって乱暴なふるまいをする子もいます。こうした発作が起きた場合は優しく抱きしめたり、やわらかい洋服ブラシなどで手や足をこすったりして、神経をなだめてあげましょう。軽い圧迫感を与えると落ち着きやすいため、手首にサポーターをつけるのも有効です。

○ 刺激に対して鈍感

この場合、自ら刺激を求めてあちこち動く「多動性」になる子もいます。朝から少し汗をかくような運動をさせるとよいでしょう。散歩、ジャンプ、体操などもおすすめです。運動が苦手な子は、できなくても否定せずにほめ、続けさせることが大切です。

○ 突然叫ぶ、暴れる

ASDの子はささいな出来事でもトラウマになりやすい傾向があり、その出来事が頭の中にふと浮かんでパニックになることも。慌てずに見守り、やさしく抱きしめてあげましょう。

○ アニメや自分の世界に入り込んでしまう

アニメや自分の世界に入り込んでいるなら、まずはその設定に合わせ、その中で少しずつ外の世界に誘導しましょう。その子に合わせたセリフから徐々に「ケーキじゃなく夕食を食べよう」など、現実世界のことを取り入れることで、次第に現実を受け入れるようになります。

第9章 障害を受け入れることで広がった
〝あったかい世界〟

「釣り竿」

4歳おむつ投げ全盛期のこと
おむつがぬれると
重くなるのが嫌なのか
ものすごい速さで
ぬぎ
投げる（家の外に）
おむつだけではない
ある時は干した
ばかりの洗濯物
ある時は
タオルケットが宙を舞う
ポイッ
ポイッ
ポイッ
ポイッ
ポイッ
怒っても効果なし
ニコ
どうしたもんか
手の届かないところ
なんてないし
落ちたものを
取りに行くのが
遅れた時には
集合ポストのところに
置いてあったりした
誰かがわが家のものだと
わかって置いてくれたんだ
ありがたい

また洗濯物が
投げ飛ばされたその日
ポイッ
あ〜2階の手すりに
ひっかかってる…
2階の人いつも
居ないんだよな〜
どうしようか
うーん拾った
棒じゃとどかないか
ガラガラガラ
あ〜また
投げちゃったの?
1階の
おじいさん!
あっすみませんっ
ズッ
これ使いなさい
釣り竿!!
この釣り竿
なんでも釣れるんだぞ

ほらこんな魚も釣ったんだ
おおっすごいですね！
あっ取れた
なっ本当になんでも釣れるだろう
これから坊主が投げた洗濯物も全部釣れるはずだよ
え？
俺はもう釣りに行くことはないからさ
これはあんたにあげるよ
最近はあんたんちの洗濯ものくらいしか釣ってないしな

あ
あれはこの人が届けてくれてたんだ！
いつもいつもありがとうございます！
男の子は元気なほうがいいの
投げなくなったら返してくれていいから
俺が死ぬほうが先かもしれないけどな
じゃあな
おじいさんのあたたかさがしみた…
それからぽんちゃんは投げることがなくなった
釣り竿を返す前に
いつか海でも行って
おじいさんにお魚をおすそわけしたいと思っている

第9章　発達障害を受け入れることで、広がった〝あったかい世界〟

心の支えになってくれた保育園の先生たち

ぽんちゃんが0歳のときから通った保育園は、どこにでもある普通の認可保育園だ。私が小さなころからその場所にあり、今時珍しく園庭がとても広く、教室もたくさんある。ベッドタウンとして作られたこの街とともに、一緒に根付いてきた、もう35年以上もその場所にたたずむ、大きな保育園だった。

先生たちも若い人からベテランまで様々。音楽を大切に教えてくれる保育園で、なにより先生たちがいつもニコニコしている。たまに帰り道で会うと、「ぽんちゃ～ん！」とかけよってきてくれる、なつっこい先生が多い。私たちママも、この保育園が気に入っていた。

みいちゃんも、ぽんちゃんもこの保育園が大好きだ。風邪をひいても、土日でも、みいちゃんは「保育園に行きたい」と言い、ぽんちゃんは朝になるとニコニコしながら保育園バッグを私に投げてくる。ふたりにとっても、私にとっても、この保育園は合っていたのだ。ぽんちゃんが〝何かおかしい〟と気づいてくれたのも保育園の先生だった。常に客観性をもって話してくれる先生たちは、とてもいい相談相手だったのだ。

離婚が成立して、みいちゃんがパパについて聞いてきたときも、どうしていいかわからなかった私は、同世代だった若い園長に相談した。泣きながら話す私の背中を優しくさすってくれたときの温かさは、今も忘れない。

保育園から呼び出し。想定外の理由って？

ぽんちゃんが3歳児クラスになるときのこと。私は、園長と担任の先生に呼び出された。ぽんちゃんがいたずらでもしたのかなとドキドキしながら職員室に行くと、園長先生は、すごく気まずそうな顔で、話を切り出してきた。

「ぽんちゃんは、言葉も話せませんし、ほかのお友達と同じ作業をすることができません」

あぁ、そうだよな。ついにこのときが来たか。ぽんちゃんはもう、健常児と一緒にいることがむずかしいのかと脳裏をよぎった。専門の施設に行くか、それとも……。そんなことを考えて顔が曇ったのを見た園長は続けた。

「あ、退園してとかじゃないのよ！　そうではなくて、ぽんちゃんはぽんちゃんに合った生活をしたほうがいいと思うんです。たとえば、みんなが工作をしたとしても、ハサミをうまく握れないなら、握れるハサミを用意しなくちゃならないでしょ？　あと、この保育園で時間を割いている鼓笛隊に、ぽんちゃんは、どの楽器で参加するのがいいか、そういうことをちゃんと話して進めていくためにも、もう一人、補助の先生を入れたいと思うの」

たしかに、ぽんちゃんは、ほかの子とは同じことができない。言葉を理解しているとはいえ100％は理解できていないし、指先などの細やかな動きはほぼできない。力の入れ方がまだよくわかっていないのだ。じゃんけんもパーしかださないし、じゃんけんの意味がわかっていないから、パーをだしたらすぐひっこめる。これで集団生活はなかなか難しい。

親が最初にぶつかる「障害受容」という壁

「今いる先生は、担任の先生とパートの先生で、すでにいっぱいいっぱいなの。でも、ぽんちゃんのために補助の先生に来てもらうために、ぽんちゃんのママに、承諾書を書いてもらわないといけないんです。そこに、署名してもらうことはできますか？」

園長先生は、ものすごく言葉を選んでそう話してくれた。私がその承諾書にサインをすれば、行政から補助の先生を入れるための補助金がでるらしい。

はっきり言って、どうしてここまで慎重に扱われるのか、私にはわからなかった。〝ぽんちゃんは障害があるから、そんなのすぐにサインするにきまってるじゃん！〟と思い、さらさらっとサインすると、みんながほっとしたのが伝わってきたのだ。そこでなんとなく、理解をした。障害受容か。

ぽんちゃんが1歳のころから、ほかの子と違うことをわかっていたし、すでに愛の手帳を入手していた。私は、持ち前のポジティブな性格のせいで、すぐにぽんちゃんに障害があることを受け止めたが（もちろん、くよくよするときはある）、多くの親は〝いつか普通の子になる〟〝ここで認めたら障害児になってしまう〟と思うのだと気づいた。

　これは本当にデリケートなことだし、世にはびこる〝障害は治る〟という謎理論を振りかざす企業が繁栄するのも、わかる。認めないことが、その親にとって支えになることもあるのだ。でも、私はそうは思わなかった。ぽんちゃんのためになることなら、何でもしてあげたい。それは、私のためではなく、ぽんちゃんのため。きれいごとだと思われるかもしれないけど、どう思われたっていい。ぽんちゃんが、ごはんを美味しく食べて、楽しい時間が重なって、お風

呂ではしゃいで、ゆっくり眠れたらそれでいい。まだ3歳。これからじっくり、ぽんちゃんに合った教育を与えていけばいい。私はそのとき、そう思った。

この保育園じゃなければどうなってただろう

その後、ぽんちゃんの補助に付いてくれたのは、30歳代の男の先生だった。ぽんちゃんはとても力があって、体力がある。男の先生にしてくれたのは本当に正解だった。

みんなが静かにお勉強をするようなときにじっとしていられないぽんちゃんを、大好きなバスを見せるためにお散歩をしてくれた。運動会ではみんなと一緒のことができないかわりに、見せ場をつくってくれたり、大好きな音楽ではカスタネットやマラカスなど、できる限り参加させてくれたのだ。おかげで、どんな行事も、どんなお勉強のときも、ぽんちゃんはいつもニコニコしていた。そして、そのすぐ近くに、いつもその先生がいてくれた。

さらにお友達にも恵まれ、なぜか周りには〝ぽんちゃんのお世話をしたい〟という将来ダメ男にひっかかるであろう予備軍の女子たちが出現した。ぽんちゃんはいつもうわばきを履かせてもらっていた。当時の女子たちよ、どうかダメ男には引っかからないでほしい。

卒業式の日、その先生は、真っ赤な目でぽんちゃんを見送ってくれた。私も、あふれる涙を抑えきれなかった。この保育園じゃなかったら、この先生がついてくれなかったら、ぽんちゃんはどうなっていただろう。そんなことを考えるくらい、ありがたかった。

あれから3年。保育園の前を通るたび、教室を指さすぽんちゃん。たまに遊びに行くと、正規雇用となったその先生がぽんちゃんと本当にうれしそうに遊んでくれる。そして、そのほかの先生たちも、ぽんちゃんを言葉通りちやほやしてくれるのだ。本当に、ありがたいし、本当に、あたたかい。

ぽんちゃんを私と一緒に、いや、私以上に6年間育ててくれたこの保育園を、私はずっと、忘れない。三つ子の魂百まで。それならきっと、ぽんちゃんはいい心の持ち主になるはずだ。

9
column

ちょっとブレイク！

頑張りすぎているママへ　文・吉田可奈

“障害児を持つ親”だからこそ、思い詰めてしまい、親のメンタルが疲れちゃうことも。でも、それでは本末転倒！　ぽんちゃんと暮らしてきたこの10年で、筆者の考えは様々に変化していきました。

○ 将来への不安や罪悪感との闘い

毎日、笑顔で子どもと一緒に過ごしたい。それは、誰もが思うことだと思います。でも、言っていることが通じない、何を求めているのかわからない、言葉がないからこそ、お互いがじれったい想いをして、それをわかってあげられないことに罪悪感が生じ、落ち込んでしまう……。

障害のある子どもたちの親であれば、誰もが悩むことだと思っています。私も、今でも毎日のように、ふとその悩みがよぎります。「いまのハンドサインはなんて言っているのかな？」「この子は、おしゃべりができないことを辛いと思っていないだろうか」そして、「この子は幸せなのだろうか」と。

○ 出来ないことに腹を立てず、できることをほめる

ほぼ10年間、この子をこの手で育ててきて、正直、その答えは見つかりませんでした。たぶん、この先も見つからないと思います。でもただ、この子のそばで、できないことに腹が立ちキリキリするよりも、出来ることを褒めて笑顔でいることが、なによりも私とぽんちゃんにとって幸せなことなんだということだけは、わかりました。もちろん、それが難しくて叱ってしまうこともあるんですけどね。

以前は、ぽんちゃんが何もできないからこそ、将来が不安になっていました。でも次第に、何もできないことをベースに考えるようになったんです。言葉を選ばずに言えば、“諦め”なのかもしれません。でも、そう考えているからこそ、少しのことができるとものすごく嬉しいんです。次はこれもやってみようと前向きになれるんです。ぽんちゃんも、ちょっとお箸が使えただけでべた褒めされるのでとってもご機嫌に。何かが成功すれば、「見て！」と言わんばかりにアピールをするようになりました。

○ デイサービスや福祉は積極的に利用していい

さらに、私はひとり親なので、どうしても保育園や、放課後デイサービスにお願いする比重がとても多くなってしまいます。それに対し、最初は大きな罪悪感がありました。「この子は、他の子と違うからこそ、親である私がちゃんと見ていかなくちゃいけないのではないか」、「障害児が家にいるなら、仕事ではなく、育児をがんばるべきなのではないか」と――。

でも、先日、読売新聞で連載中の最相葉月さんが同じような親からの人生相談に、「障害のある子どもを育てることと、女性の夢がバーター取引であってはありません。そんな世の中は変えていかねばなりません。あなたの子どもは、私たちの子どもです」という一節がありました。

そのときに、私は「そう考えてもいいんだ！」とハッとしました。そうです。私たちは、ちゃんと福祉の手をお借りして、一緒に育てていけばいいんです。そして、デイサービスのスタッフさんも、保育園の方たちも、みなさんが味方なんです。そう思うだけで、だいぶ肩の荷が下りたことを覚えています。

○ 親がリラックスすれば子どもにも伝わる

育児は、障害児であれ、健常児であれ、親の心理状態が一番大事だと思います。親が元気に笑っていれば、子どもたちも一緒になって笑ってくれる。ピリピリすれば、その様子をうかがい、子どもたちは小さくなる。それなら子どもたちと一緒に思いきり遊び、限界になったらデイや保育園、両親などに預けてリフレッシュする。

自分の好きなことと思いきり向き合えば、自然と子どもたちに会いたくなるんですよね。このバランスが、すごく大事だと思います。

第10章　ぽんちゃん、小学生になる

「ライダース」

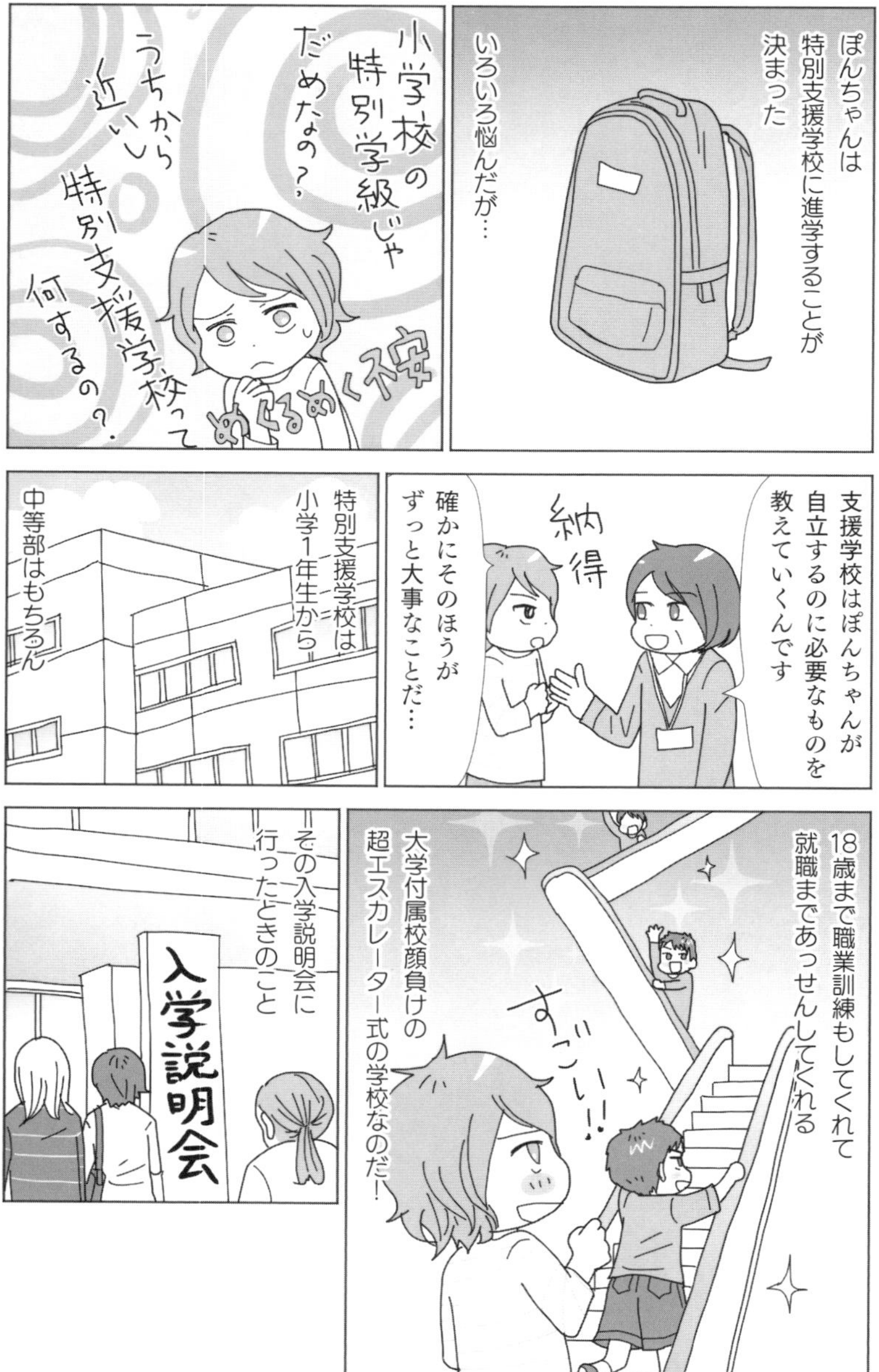
ぽんちゃんは
特別支援学校に進学することが
決まった
いろいろ悩んだが…
小学校の特別学級じゃだめなの?
うちから近い特別支援学校って何するの?
めくるめく不安
支援学校はぽんちゃんが
自立するのに必要なものを
教えていくんです
納得
確かにそのほうが
ずっと大事なことだ…
特別支援学校は
小学1年生から=
中等部はもちろん
18歳まで職業訓練もしてくれて
就職まであっせんしてくれる
大学付属校顔負けの
超エスカレーター式の学校なのだ!
すごい!!
=その入学説明会に
行ったときのこと
入学説明会

お…もうグループができつつある…
みいちゃんの時は同じ保育園のお友達がいっぱいいたからママ友には困らなかったけど
知り合いが誰もいないって心細い…
うわ！　目の前でめちゃくちゃ盛り上がってる!!
ほかのテーブルではLINE交換までしてる!!
わかる～
ってていうかなぜ私の隣に誰も座ってくれないの！
トイレ
この疎外感耐えられないトイレで一息いれよう…
ふら～
ジャー

私！黒づくめの
ライダースだった！
確か、ライダースジャケットを着るだけで文句を言われることがなくなった！
というツイートをみかけたことがある
カッ
カッ
とっても話しかけてもらいたい場面で
なんでライダース着ちゃった？
TPO無視した人間にわざわざ話しかける人いないよね…
おわった
ママ友がいないと情報交換が厳しいけど今日はもう無理かも…
戻ろう…
ん？

!!
あっ かなちゃん
↑同じ保育園のママ
ああああ
か…かなちゃん？
ライダースのせいなのか 周りに誰も座ってくれなくて さみしかった〜
くすん
ぶははは
たしかに
話しかけないっ
は
この豪快な笑い声に 救われたのは言うまでもない…
かわいいな
最上もが
金髪にしようかな〜
先日金髪にしようか悩んで あきらめて本当に良かったと 心から思った…

第10章　ぽんちゃん、小学生になる

ぽんちゃんは、2015年に小学生となった。あんなに小さかったぽんちゃんが、もうランドセルを背負うようになったとは、感慨深い。とはいえ、障害児が入学するまでには、健常児の小学校入学とは比べものにならないほど、やることがある。それは、幼稚園の5歳児クラスになった瞬間から始まった。

保育園もあと1年。年長クラスとなった息子のリュックに入れられていたのは、「特別支援学

級を考える保護者さまへ」と書かれたお知らせだった。表出性言語障害により言葉を話すことができない息子には、年少クラスから保育園の先生とは別に、加配の先生が付けられていた。普通学級に入るのが難しいことはわかっていたが、この紙をもらったことは少なからずショックだった。でも、それを受け止めるのも、障害のある子の親が超えるべきハードルなのだ。そこには、住んでいる地域の教育センターへ、小学校の説明会に行くよう書かれていた。早速、私は一番近い日の説明会の予約をし、出かけることにした。

特別支援学級と特別支援学校

自転車で20分ほど離れた教育センターでは、特別支援学級に入るために何をすべきか、という説明会が行われていた。そこで、どこで勉強をすることが子どもにとって一番ふさわしいのかを見極めるため、数々の学校を見て回ることを勧められたのだ。ちなみに私が住む地域では、〝情緒〟〝知的〟〝言葉〟で学級が分かれており、知的障害のない自閉症や学習障害を持つ子どもは〝情緒〟、軽度の知的障害を持つ子どもは〝知的〟の特別支援学級を勧められる。そして、〝言葉〟は息子のように言語を持たない子どもが通うのではなく、吃音がある子どもが通う教室だ。さらに、肢体不自由な子どもや、重度の知的障害の子どもは、特別支援学校という選択肢があることも紹介された。ぽんちゃんは言葉がでない知的障害となるので、知的の特別支援学級に行くのだと思っていた。そこは家からとても近く、好都合だと思っていたが、次の面接で、10分ほど息子をみた面接官は、「息子さんは特別支援学校にいくのをお勧めします」と言ってきた。予想外の言葉に、胸がざわついた。特別支援学校。そうか、息子は重度の知的障害にあたいするのか。言葉に詰まる私を見て、面接官は気

持ちを察してくれたのだろう。「息子さんは、完全な意思疎通ができていないので、そのレベルにあった生活の自立を促すことが第一だと思うんです。特別支援学校であれば、ST（言語聴覚士）やOT（作業療法士）もいますし、ジェスチャーなどで意思を伝えるための勉強もできます。でも、普通の小学校での特別支援学級は勉強がメインになるので……」。言っていることはわかる。もちろん、息子に何がいいかなんて、母親である私はわかりきっている。でも……。迷う私に、面接官は「一度、両方体験入学をするといいですよ」と勧めてくれた。決めるのは、ぽんちゃんだ。ぽんちゃんがのびのびと気持ちよく時間を過ごせる場所に、通わせてあげたい。そして、息子の小学校選びが始まった。

まず最初に、いわゆる普通の小学校にある支援学級を見学した。その小学校は家からとても近い。私が小学生のころ、支援学級にはダウン症や自閉症、車いすの子などが一緒に授業を受けていて、クラス全体で5人から7人くらいしかいない覚えがあった。そこにぽんちゃんがいる光景を想像しても違和感はなかった。教室を覗くと、通常の教室の半分くらいの部屋に6人の2年生が授業を受けていた。全員がすらすらと教科書の文章を読み、算数の授業も静かに受けている。その姿は健常である娘の授業参観とあまり変わらない。いったいこの子たちのどこに障害があるのだろうかと思うほどだ。

私が過去に見た支援学級とはまったく違うものに感じられた。そこにぽんちゃんがいることは想像すらできない。浮かぶのはまだ一言も言語を話せない息子がこの教室を走り回る姿だ。

不安になった私は、教育センターの方に「うちの子は、そもそも言葉を話せないんですが、そういった前例はあるんですか?」と聞いてみると、「前例は……私の知る限りいません」とはっきり答えてくれた。そうか。ここは軽度やボーダーと言われる子たちが通う場所だ。この時点で、教育センターの方が私に特別支援学級を見せた理由がわかった。頭ではわかっていても整理がつかないことを、自分の目で見てしっかり感じさせようとしてくれたのだろう。

特別支援学校に通い始めたぽんちゃん

後日、特別支援学校を見学しに行った。ぽんちゃんと似たような子どもたちが、療育の延長線上のような授業と、自立に必要となる実技を兼ねた授業をしているのを見て、ぽんちゃんが生きるために必要なのは、この学校だと実感した。私にもう迷いはなかった。

その翌年から特別支援学校に通い始めたぽんちゃん。大好きなお友達もできて、優しくて、ダメなときはちゃんと叱ってくれる先生のもとで、楽しく学校に通っている。そこで得る生活力は、本当に大きくて、感謝しかない。そこで得た情報も、ぽんちゃんの未来を切り開いてくれるようで、本当に心強い。最初は真っ暗だった未来も、こうやって少しずつドアを開けるように広がっていくのだ。そして、一歩ずつ踏み出すたびに、道はできていく。だからこそ、その道を私たち家族は優しく見守り、支えてあげていかなくちゃいけない。……そんな大げさなことではないのかもしれない。ただ、一緒に楽しみながら歩んでいけばいいのだ。

ネガティブな考えはもうやめよう。前だけ向いて、ぽんちゃんと過ごしていく。そう決めてから、毎日はさらに楽しくなった。どんなことも、考え方次第。それをあらためて教えてくれたぽんちゃんは、やっぱり私たち家族にとって、とても大切な存在だ。そして今日も、ぽんちゃんはかわいく楽しく生きている。

「かわいいの力」

ぽんちゃんはかわいい
目が合うと
最高の笑顔を
返してくれる
つい相手も笑顔に
なってしまう
ニコ
ニコ
いつの間にかアメや
おかしをもらってる
どーぞ
そういうママも
ぽんちゃんのかわいさに
やられて怒れないとき
あるよね
みーちゃん
そういうみーちゃんだって
かわいいから許している
こといっぱいあるじゃない
まあね
かわいさに弱い親子である
そして イケメン 好き
この人かっこいい
この人 イケメン—

かわいさに敏感なのは
ぽんちゃんも例外ではなかった
そしてしたたかでもある
Cafe
つかれた
お茶しよ
ふたりでお茶をしに
お店に入っても
キョコン!
タタタ…
え?そこに
座るの?
わあ
かわいい~
ニパ
え~
こんにちは
フフフッ
もはや
すべて計算の
上でそこに座った
というの!!
お姉さん
ピーマンすき!?
病院から勧められた
IQテストの日のことである
病院

今日は先生が
いろいろ質問するから
答えてね
ん？
ぽんちゃん
緊張してる？
じゃあこのコップに
積み木を3つ
入れてください
ソワソワ
ぽんちゃんは数とか
認識してないし
コップに入れて渡すとか…
あっ先生
それはまだ
ムズカシ…
おいっ
よく
できました
え!?
今の奇跡なので
もう一度やってみてください
じゃあ…
次は4つ
入れてね

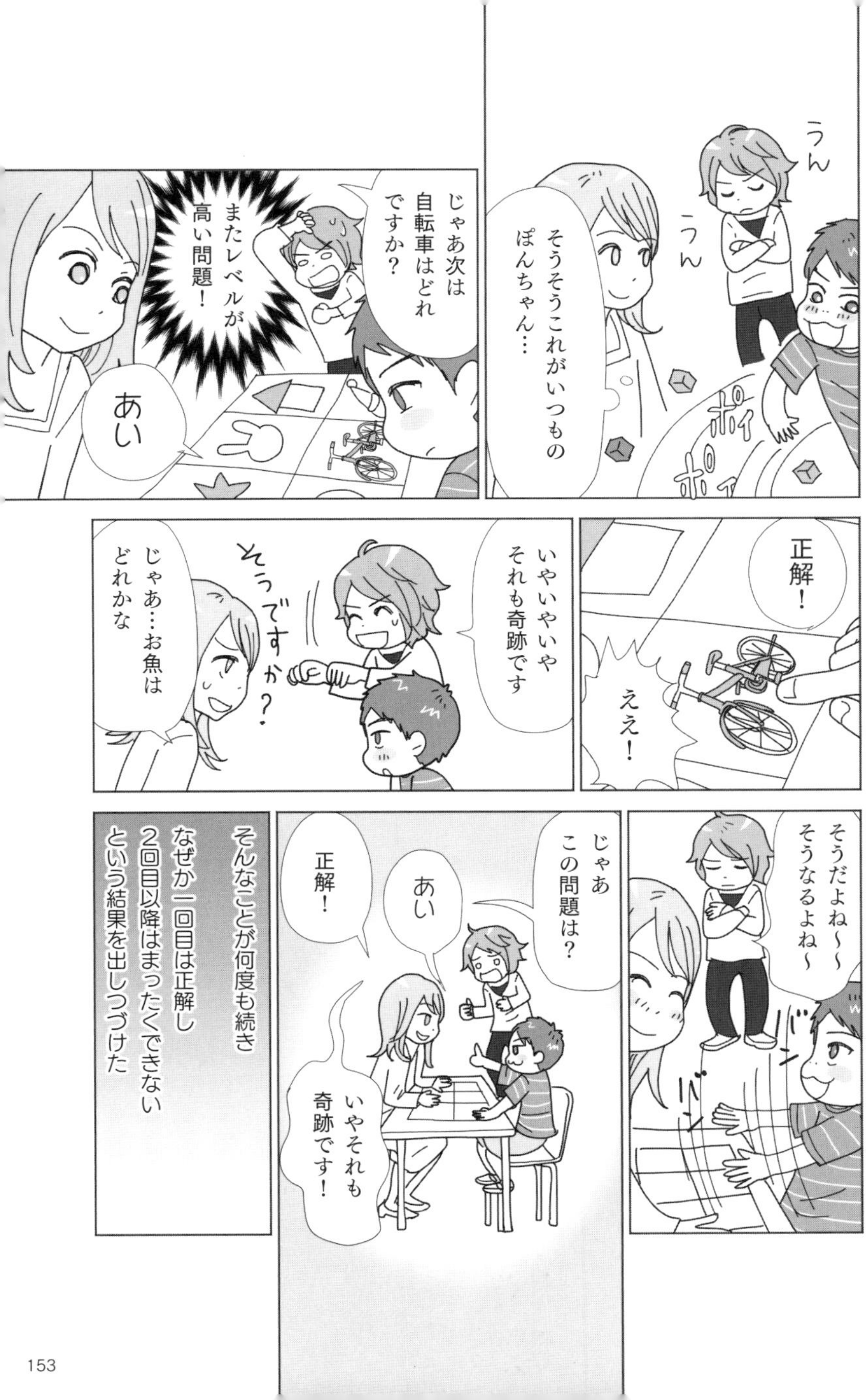
うん
うん
そうそうこれがいつもの
ぽんちゃん…
ポイ
ポイ
じゃあ次は
自転車はどれ
ですか？
またレベルが
高い問題！
あい
正解！
ええ！
いやいやいや
それも奇跡です
そうですか？
じゃあ…お魚は
どれかな
そうだよね〜
そうなるよね〜
じゃあ
この問題は？
あい
正解！
いやそれも
奇跡です！
そんなことが何度も続き
なぜか一回目は正解し
2回目以降はまったくできない
という結果を出しつづけた

わかっているのか
わかっていないのか
いやもしかして
先生がかわいいから
シックスセンスを
発動させているのかも
先生がかわいいから！
かわいい女の子の前で
がんばっちゃうマンガの
主人公みたいに
さあ帰ろうか
奇跡が起きているのかも！
どちらかというと
クレ〇ン〇んちゃんが思い浮かぶけど
あーーい
でもぽんちゃん
がんばったねっ
あーーーい
キュン
あーかわいいー
ときとしてかわいいは
力になる
かわいい！ 大好き！

10 column

発達障害の子の就学先

障害がある子どもや発達に不安のある子どもの保護者に対して、各市区町村では就学の相談を受け付けています。小学校入学に向けて、可能な就学先やその特徴、決め方などを早めに知っておくと安心です。

○ 一般的な就学先相談の流れ

入学の前年になったら市区町村の窓口で就学相談の申し込みをし、説明会に出たり相談員との面談を受けたりします。その後、相談員の作成した資料をもとに就学支援委員会が就学先を検討し、その結果を踏まえて委員会と話し合いをし、最終的な就学通知が届きます。

○ 多様な就学先

障害のない子と一緒に授業を受けることもできる軽度の障害から、専門的なケアが必要な重度の障害まで、障害の種類や程度は様々。どの子もみんな楽しく学校に通えるよう、多様な学びの場が用意されています。

〈通常学級と通級指導教室〉

「通級指導教室」＝通称「通級」とは、通常学級に在籍しながら、支援学級やほかの施設などに通って障害に応じた特別の授業を受ける制度。普段は地域の学校の通常学級で障害のない子どもたちと一緒に授業を受けながら、週に1～8時間、通級に通います。

〈特別支援学級〉

地域の学校の中に設置された、障害のある子どもたちを集めた学級。障害の種類ごとに分けられた1クラス8人を上限とした少人数の教室で、専門の支援スタッフや教諭が保育を含めた教育を行います。共同学習を行うなど、通常学級の子どもとの交流もあります。

〈特別支援学校〉

障害のある子どもたちを対象とした学校で、それぞれの障害の状態に合わせた授業が行われます。少人数の教室で専門性の高い教職員が授業を行うので、重度の障害でも通うことが可能。研修を受けた教員が、常駐の看護師と連携し特定の医療ケアも行ってくれます。

「ぽんちゃんの一日」

7時起床
今日もまたあわただしく一日が始まる
ぽんちゃんおはよー
まずトイレ
(トレーニング)
ほぼ
寝たまま
お着換え
朝ごはん
8時スクールバスの
バス停に行く
バスが来るまで
遊ぶ
8時15分出発
8時半　学校
おはよう
ぽんちゃん行こう～
15時お迎えが来て
デイサービスへ
18時帰宅
お腹減ったか
19時夕食
お風呂はいりたいのね
19時半
楽しいお風呂

シャチだー
アハハハ
お風呂はスマホもゲームもないからアホな遊びで盛り上がれるな～
貴重だ…
ジャバー
しんみり
いつまで3人ではいれるかな…
この時間を楽しもう
もちろん不安もある
子どもは日々大きくなる
うちのクラスカップル3組くらいいるよ
えーん!?
なっ…何するの!?
ママもがんばって
私も日々年を取る
20時半
お姉ちゃんや猫と遊ぶ
21時
歯をみがいて寝る
スーッ
スヤスヤ
ムニャ
でもいま3人で無邪気に笑ってる
ねおち
また朝が来る
おはよ
今日も楽しんでいこう

あとがき

この本が発売される翌月、2020年の4月に、ぽんちゃんは小学4年生となります。今も、言葉は話せません。ぽんちゃんは特別支援学校の知的障害部門に入学し、自立をするために必要なことを、遊びや療育を通して毎日学んでいます。さらに、放課後デイサービスという支援の場も増えました。小学校まで迎えに来てくれて、さらに18時になったら自宅まで送り届けてくれる、働くママにとっては神のようなサービスです。これも、入学するまで存在すら知りませんでした。離婚したときもそうでしたが、福祉のサービスは「教えてください」と言わないと教えてくれないものばかり。知らないのが当たり前だからこそ、聞くしかないということも、あらためて実感しました。今はそのサービスをフルに使って、ぽんちゃんと、家族である私たちが過ごしやすい毎日を〝作って〟過ごしています。

そんなベースさえ確保すれば、あとはぽんちゃんと楽しい毎日を送るだけ。「うちの子、へん?」と思っていた最初のころは、わからないから怖いと思うことも多かったですが、今はどんな子にも個性があり、扱いづらさもあれば、扱いやすさもあることに気づきました。ぽんちゃんは言葉を持ちませんが、笑い声は健常の子たちとまったく同じです。誰よりも大きく、ケラケラと笑い、おなかをかかえて転げます。さらに、ママがドラマを観て泣けば、ぎゅっと抱きしめて涙を拭いてくれるし、ママが仕事から帰ってくると、両手を広げて笑顔でかけより、〝抱っこ!〟とねだります。控えめに言って、世界一かわいいんです。でも、そんなぽんちゃんに、大きなハンデがあるのは事実。いつか、自分ひとりでは生きていけない未来がどうしてもやってきます。それなら今のうちに味方を増やして、福祉サービスをフルで使い、ぽんちゃんが幸せに生きられるベースを作るのがママの役目だということにも、気づかせてくれました。本文で書いた通り、ぽんちゃんの権利を、ママの私が奪っては絶対にダメなのです。

障害にはいろんな種類がありますが、人間にいろんな性格があるのと同じことだと、私は捉えています。目が悪いなら眼鏡をかければいいし、耳が聴こえづらいなら、補聴器をつければいい。それと同じ感覚で、知的障害があるなら、その子が過ごしやすい環境を作ってあげればいい。ぽんちゃんが、ほかの子と違うと思っていたころもありましたが、今はそうは思いません。ただ、言葉がないだけ。それが、ぽんちゃんの〝普通〟であり、私たち家族の〝普通〟なんです。

きっと、これからもたくさんの困難な道が出てきます。でも、そこはひとつずつ、ゆっくり超えていくしかないと思います。その先がどうなるなんて、誰にもわかりません。でも、健常者の未来だって、どうなるかわからない。それなら、毎日を楽しく、明日をさらに楽しめるように過ごすのが一番だと考えています。そのために、柔軟に、前向きに、いろんなことに目を向け、障害をネタに寄ってくるおかしな商売を判断する目もしっかりと持つことが大事だと思っています。そしていつか、ぽんちゃんが大人になったときも、地域のみなさんから愛されているような、そんな大人になってくれたら、そしてハンデを持つ人たちが地域にちゃんと受け入れられている社会になっていたらいいなと、毎日願っています。

うちの子、へん？

発達障害・知的障害の子と生きる

発行日　2020年3月30日　初版第1刷発行

著者　吉田可奈

漫画　ワタナベチヒロ

発行者　久保田榮一

発行所　株式会社 扶桑社
〒105-8070
東京都港区芝浦 1-1-1　浜松町ビルディング
電話　03-6368-8875（編集）
　　　03-6368-8891（郵便室）
www.fusosha.co.jp

カバーデザイン　山田知子（chichols）

本文デザイン　大竹竜平

印刷・製本　図書印刷株式会社

ISBN978-4-594-08407-3

トイレ

きがえ

ごはん

はみがき

じゅんび

あそぶ

ねる

おふろ

おかたづけ

てをあらう

がっこう
ほいくえん

いってきます

ただいま

バス
でんしゃ

くつをはく

おきる

れんらくちょう
をだす

しゅくだい
をやる

うれしい

かなしい

こわい

びっくり

ふあん

たのしい

おこっている

わからない

てつだって

むずかしい
んん〜

ちょうだい

おなかすいた

ちいさなこえで

おしずかに